ESQUISSE

DE LA

SITUATION POLITIQUE

DE LA FRANCE

EN

1834.

ESQUISSE

DE LA

SITUATION POLITIQUE

DE LA FRANCE

EN

1834.

PAR

M. WILLIAM REGNAULT.

Nous sommes donc une nation ingouvernable? oui; mais par le défaut contraire, parceque nous nous laissons trop facilement gouverner...... Nous acceptons légèrement et quittons de même. Nous sommes les jouets d'une exubérance de vie qui nous constitue dans une perpétuelle adolescence...... Allant par sauts et par bonds et tombant à chaque bout de voie par erreur ou par faiblesse.

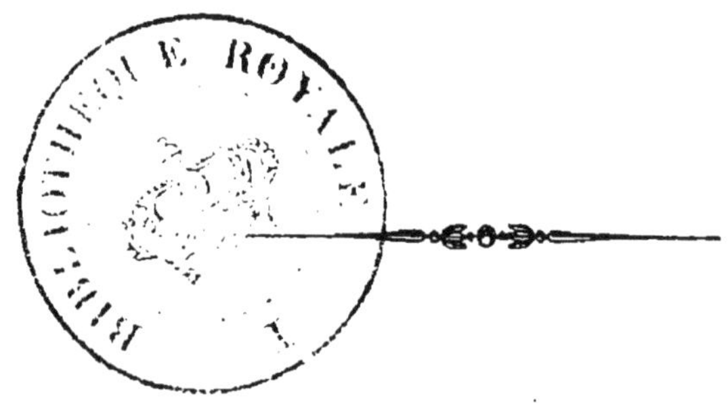

PARIS,

CHEZ LES PRINCIPAUX LIBRAIRES.

1834.

IMPRIMERIE ALPH. LEMALE. — HAVRE.

ESQUISSE

DE LA

SITUATION POLITIQUE

DE LA FRANCE

EN

1834.

Pour savoir où l'on va, il faut d'abord savoir où l'on est : cela est vrai, surtout en politique ; et si l'on examinait attentivement quelle a été, dans le passé, la position réelle qui a précédé chaque grande catastrophe, chaque établissement nouveau, on se convaincrait facilement que ces événemens, qui paraissent au premier coup d'œil comme phénoménaux et accidentels, ne sont pourtant que les conséquences directes, naturelles et nécessaires de la situation des choses au moment où ils se sont passés.

Mais comment étudier et saisir la situation présente ? Comment surtout y parvenir, simple citoyen, dénué des documens nombreux et indispensables qui peuvent seuls établir une base solide d'opinion et de prévision, lorsque ceux-là qui possèdent ou peuvent posséder ces précieux élémens d'une manière plus prompte et plus sûre, lorsque les gouvernans eux-mêmes ou ne voient pas ou voient mal si souvent ?

N'est-ce pas qu'avant de se livrer à cet examen que tous reconnaissent si essentiel et parfois si urgent, ils y apportent des dispositions préventionnelles ? Le même défaut n'entraîne-t-il pas les particuliers ? et cependant aujourd'hui, plus que jamais, il n'a été plus important que chacun se formât en politique des idées et des vues saines et justes.

Le moment, en effet, est proche où tant de vieux établissemens politiques et sociaux vont être discutés et peut-être renouvelés. Pour apprécier le plus ou moins de rapidité de cette marche vers une réforme générale ; les moyens d'y parvenir plus sûrement ; les chances de revers, de succès, de troubles qui accompagneront la lutte ; il faut rechercher consciencieusement les élémens de notre époque : et afin d'éviter la cause d'erreur que nous venons de signaler plus haut, nous devons d'abord nous dépouiller de tout esprit de prévention, de système et de parti, nous borner à l'étude des faits et n'en tirer que les conséquences évidentes.

Ce n'est pas que nous prétendions convertir personne ni anéantir les préjugés et les passions politiques. Tel n'est pas notre but, et nous ne nierons pas que nous-même n'ayons aussi les nôtres. Nous voulons dire seulement (et ceci est dans l'intérêt de chaque opinion) que l'on ne peut se livrer à un examen utile des circonstances et en tirer quelque fruit qu'en faisant, instantanément au moins, abnégation aussi complète que possible de ses désirs, de ses sentimens, de ses opinions propres, d'autant plus que, dans cette étude, les passions et les préjugés des autres sont au nombre des faits qui entrent comme élémens d'appréciation.

En commençant cet examen, une première observation ou objection se présente à celui qui ne prétend pas faire de la politique *marchande* comme celle qui se débite chaque jour et qui sert de complément au déjeûner, semblable à ces liqueurs corrosives dont l'habitude, la mode et un goût dépravé font une sorte de besoin.

C'est la difficulté d'arriver à une suffisante connaissance des choses politiques, aujourd'hui surtout, où la dernière révolution de France paraît avoir changé le mode d'action, de communication et de rapports, de telle sorte que les coryphées du journalisme, par exemple, ont tous été trompés dans leurs assertions les plus positives et en apparence les mieux appuyées de raisonnemens (1) ; aujourd'hui où, pour peindre d'un trait la situation, il se tient des congrès à huis-clos, des comités secrets de souverains qui évitent avec le plus grand soin la publicité, de peur sans doute..... de *quelque chose* ?

Nous ne saurions mieux répondre à cette question qu'en nous livrant à l'œuvre que nous avons entreprise et que le lecteur saura bien juger ce qu'elle vaudra, si tant est qu'elle ait quelque mérite ; mais nous dirons d'avance que, malgré l'insuffisance ou la lenteur des moyens d'investigation qui nous sont laissés dans des conjonctures en présence desquelles la presse elle-même est trop impuissante, il reste encore dans les faits patens et avoués assez d'élémens pour discuter notre position et réduire les choses, que l'on s'efforce de cacher, aux termes les plus circonscrits et les moins susceptibles de produire des conséquences non prévues.

ÉTABLISSONS que deux forces supérieures se disputent le monde politique. Aperçues confusément et peu étudiées dans cette époque où les publicistes et les orateurs trouvent plus simple et plus convenable à

(1) Voir les notes à la fin de l'ouvrage

leurs vues particulières de décider que d'approfondir, elles ont été nommées par eux *intérêts moraux* et *intérêts matériels;* mais ils en ont beaucoup parlé, très-peu dit. Rien de leur nature, rien de leur mode d'action, rien encore de leurs lois présentes et à venir. Ils se sont bornés à des appels emphatiques, à des chants prématurés de triomphe ou à de stériles imprécations, semblables à l'enfant qui crie et demande, sans pouvoir expliquer ni savoir ce qu'il lui faut.

Les *intérêts moraux*, si variés que soient les noms qu'on leur donne, que l'on parle de la gloire, de la dignité d'une nation, de son rang parmi les puissances, de l'honneur qu'acquièrent les citoyens, de leurs droits politiques, etc., tout cela se réduit à un seul sentiment et se comprend dans une seule dénomination ; c'est l'orgueil ou national ou individuel. Ce sentiment est bon sans doute et nécessaire à la vie d'un peuple, alors qu'il est renfermé dans de justes bornes et guidé vers un but solide et vrai : il est mauvais et cause presqu'inévitable de ruine lorsqu'il devient un penchant aveugle, une passion sans objet réel qui trouble et domine le cœur de l'homme et le pousse à consommer la ruine des autres et la sienne propre pour pouvoir se dire : Je suis grand, je suis fort, je triomphe. C'est une passion vide comme celle de l'avare qui n'acquiert pas pour jouir, mais pour se dire : J'ai, je possède.

L'orgueil national se ploie à toutes les formes, à toutes les situations. Les hordes de l'Orient s'enorgueillissaient de leurs religions et de leurs conquêtes ; les Grecs anciens de leur civilisation qui se bornait aux beaux-arts et à l'éloquence ; le Romain voulut l'empire du monde ; le Grec du Bas-Empire fut théologien avant tout. On sait quels furent les résultats de ces passions nationales.

A côté de ces intérêts moraux s'est élevé, lentement et à mesure des nombreuses et dures expériences qui se sont succédé, ce qu'on nomme les *intérêts matériels*, c'est-à-dire le penchant à se *procurer* et à *s'assurer* tout ce qui peut satisfaire aux besoins et aux plaisirs physiques. Quand les volcans se sont éteints, la végétation a paru sur les débris de leurs éruptions et a tendu sans cesse à les cacher.

Les bornes de cet écrit ne nous permettent pas de développer les causes de ce grand changement ; mais nous signalerons, comme les principales, la diffusion de l'instruction dans les classes de citoyens qui remplaçaient sous d'autres noms les esclaves des anciens empires. Il a fallu, pour un nombre toujours croissant d'individus, des professions libérales, du luxe, des richesses même, et puis quand l'occasion se présente, *quâ data porta ruunt et terras turbine perflant.*

Une seconde cause toute-puissante a été le perfectionnement des arts et des sciences. Quand le luxe le plus modeste a été à la portée du pauvre ou de son voisin immédiat, le désir d'acquérir est né, s'est agrandi rapidement : le fruit de l'arbre goûté, la hache a toujours menacé et quelquefois frappé le tronc par trop inaccessible.

La considération de ces résultats malheureux a fait dire à un de nos premiers penseurs, que les arts et les sciences avaient perverti l'homme. Ce n'est pas là, comme on l'a tant répété, un paradoxe entièrement faux. On vient de voir qu'il y a du vrai dans cette assertion ; mais il fallait tenir compte de l'état d'une société fondée sur un despotisme obligé, sans lequel (s'il eût pu ne pas exister) les sciences et les arts eussent sans inconvénient procuré à l'homme une plus grande somme de biens et de jouissances.

Quoiqu'il en soit, le fait de la réaction des *intérêts matériels* sur les anciennes passions nationales n'en est pas moins certain. Cette réaction s'est fait sentir chez toutes les nations de l'Europe, même celles où l'esclavage est encore en vigueur. Quant aux peuples les plus avancés en civilisation, il est vrai pour eux de dire, avec un écrivain dont la patrie est dans cette position, que chaque citoyen préfère au grand livre de l'histoire, le grand livre de la dette publique pour y inscrire son nom.

Non seulement cette influence des intérêts matériels a modifié les dispositions des peuples relativement à leurs constitutions intérieures, en telle sorte que l'on s'est de nos jours étrangement et trop malheureusement mépris en pensant qu'une nation pouvait épouser entièrement et pour long-temps un système exclusif, fondé sur des intérêts moraux; mais cette influence s'est étendue également et plus virtuellement encore aux relations de peuple à peuple. Il y a long-temps que les motifs de paix ou de guerre, d'alliance ou de rivalité ne sont plus pris dans des idéalités ou des passions nationales, mais dans des intérêts positifs.

On se méprendrait pourtant aussi, principalement dans les affaires intérieures, si l'on pensait d'un peuple qu'il soit dépouillé entièrement de sentimens du genre de ceux que nous nommons intérêts moraux, seulement il faut savoir juger de leur portée. Une observation principale peut servir à nous guider dans cette appréciation, c'est que les intérêts moraux sont d'autant plus susceptibles d'exaltation que les intérêts matériels sont satisfaits, et leur influence d'autant plus faible que ces derniers sont plus ostensiblement lésés ou menacés. C'est l'opposé des anciens peuples, et la raison en est facile à saisir : chez eux l'esclavage rendait les citoyens vraiment libres, c'est-à-dire non pas seulement exempts de travailler pour les autres et de les servir, mais en outre de travailler pour eux-mêmes. Ils ne trouvaient ainsi de mobiles à leurs actions et de but à leurs désirs que dans de grandes idées auxquelles ils se livraient avec d'autant plus d'enthousiasme qu'elles étaient plus gigantesques et plus éloignées du positif qui ne les avait jamais occupés individuellement. On a encore vu dans le moyen-âge la *servitude* produire un effet analogue chez les terriens qui pouvaient vivre *noblement*, et ceux-ci se livrer à une exaltation qui ne se résolut pas, il est vrai, comme chez les anciens en de vastes et grandes entreprises, mais en vrai don-quichotisme ou quelque chose d'approchant, sans en excepter les plus beaux faits d'armes de ce temps.

Néanmoins l'extinction graduelle de l'esclavage, et plus tard de la servitude, força chaque individu de se livrer au soin de ses affaires personnelles. L'homme, dont la condition exigeait qu'il se livrât aux travaux de l'ancien esclave ou du serf, fut libre de droit et non tenu à la peine et à la soumission par *devoir* envers une personne étrangère ; il n'en a pas moins rempli, sous le joug de l'intérêt, les fonctions de l'esclave ; et obligé à fournir lui-même à ses besoins et à ses plaisirs, il ne fut pas libre à la façon des anciens maîtres : les nouveaux terriens ou possesseurs de capitaux ne le furent pas non plus, car indépendamment des soins que nécessitaient leurs revenus exposés alors aux vicissitudes de la volonté des autres, ils se trouvaient, au moins dans les relations générales, en face de gens aussi libres qu'eux, en droit, ayant d'autres allures, d'autres idées et presque toujours des intérêts opposés.

Ainsi l'on pourrait dire que l'extension indéfinie de la liberté a réellement amené l'extinction de la liberté elle-même, de cette liberté pratique et complète, telle que la connaissaient les Anciens, et pour laquelle ils s'enthousiasmaient. La nouvelle liberté, au contraire, est toute de droit, toute de théorie, et n'a pour effets que des liens et des obligations réciproques.

C'est le défaut de cette distinction, dans l'appréciation de la juste portée des deux sortes d'intérêts aux temps modernes, qui a causé les erreurs si funestes d'une époque où on prit le mot de *liberté* pour moteur unique quand on ne pouvait posséder celle qui eut été nécessaire à la réalisation des brillantes utopies imposées par leurs auteurs. La réaction pouvait-elle ne pas suivre ? Ces erreurs menacent de se renouveler de nos jours. Espérons que l'expérience et les efforts des hommes réfléchis contribueront à mieux guider ce nouvel élan.

Nous allons maintenant entrer dans l'exposé de notre situation politique. Nous en rappellerons d'abord les élémens tant à l'extérieur qu'à l'intérieur, et nous pourrons ensuite, avec ces données, en tracer le tableau général.

La situation actuelle extérieure qui, nous le pensons, a totalement influé par voie de détermination sur notre intérieur, doit être d'abord examinée dans ses élémens. Pour la bien comprendre, il faut remonter au milieu du siècle dernier et rappeler les actes principaux du grand drame européen qui n'est pas encore terminé. On peut le considérer commençant à la lutte entre la France et l'Angleterre dans les Indes orientales d'une part, et à l'agrandissement de la puissance russe de l'autre. Les affaires relatives aux états secondaires n'ont été ou que des *à parte* de moindre importance, ou que des conséquences des rivalités principales auxquelles elles étaient subordonnées. Ainsi, le premier des faits que nous venons de signaler a été suivi plus tard de l'intervention française en Amérique, celle-ci de la révolution de 1790, et l'Empire est ensuite venu, qui a failli terminer le combat par un coup mortel, si, après la première campagne de Russie, cette puissance eût gardé une alliance qu'elle a recherchée ou imposée mal à propos aux Bourbons restaurés; ou encore si cet hiver fatal qui a anéanti Napoléon, en glaçant les millions de bras dont il pressait l'Europe, n'eût pas sauvé l'Angleterre déjà à deux doigts de sa perte.

Tandis que nous luttions dans les Indes, en Amérique ou dans notre intérieur, le règne de Catherine II s'était prolongé, rempli avec autant de bonheur que de talent, de fourberie que de cruauté; les bornes de l'empire russe étaient reculées au midi, ses établissemens sur la mer Caspienne assurés malgré la Porte frappée au cœur à Tchesmè par l'audace d'une expédition partie de la Baltique, espèce de Navarin anticipé, mais au moins celui-là fut l'œuvre d'un Russe; enfin (et c'est un sanglant procès qui n'est point encore vidé), on vit la Pologne, expirante de ses convulsions intestines, déchirée à belles mains et partagée comme une curée dont les débris furent abandonnés aux piqueurs. Cependant l'Angleterre, déjà prévoyante, prenait et s'assurait des positions dans la Méditerranée orientale, où nous n'avons pas tardé à perdre notre seul point d'appui.

Pendant notre révolution, la Russie s'occupa davantage de la consolidation de ses conquêtes limitrophes que de la lutte d'Occident à laquelle elle ne prit qu'une part assez indirecte, et seulement ce qu'il en fallait pour satisfaire ses deux acolytes ainsi que l'Angleterre qu'elle avait à ménager à cause d'intérêts commerciaux majeurs pour elle. Mais dès lors elle concevait des desseins qui la rendaient rivale d'une puissance qui, placée loin d'elle en Europe et séparée par des intermédiaires redoutables, avait, à son égard, au delà des deux Océans sur le territoire d'Asie, une position bien différente que la Russie enviait, si elle ne la redoutait pas. Aussi dut-elle applaudir à la diversion opérée par notre expédition d'Egypte, gigantesque essai réduit de nos jours à la production d'un album scientifique, mais qui fit trembler l'Angleterre et produisit l'Empire.

Devant les rapides et effrayans progrès du soldat couronné, l'intérêt le plus pressant lui parut être la lutte contre ce torrent, puis sa jonction avec lui à Tilsitt, puis encore la lutte, car l'Angleterre payait; et l'on sait comment l'armée victorieuse et le génie de son chef, glacés à la fois, laissèrent libre un chemin où se précipitèrent dix peuples qui vinrent admirer le géant vaincu.

Après ce grand conflit où la Russie avait failli périr et l'Angleterre avec elle, le drame compliqué des deux rivalités se simplifie. A peine reparu un moment sur le champ de bataille à Fleurus, Napoléon est cette fois à Sainte-Hélène, c'est-à-dire mort. L'Angleterre est délivrée du plus redoutable ennemi qu'elle ait jamais eu. La Russie rentre dans les voies ordinaires de sa politique haute et de premier rang, qu'elle avait momentanément quittée à la dernière rupture avec la France (l'avenir fera voir si ce ne fut pas pour sa perte). Et la France ! plus de lutte pour elle, plus de grands intérêts, plus de rivalité. Elle n'a désormais qu'un rôle, qu'une existence secondaire sous les successeurs de ces rois dont l'un l'avait compromise pour une Belgique, dont l'autre avait jugé l'Inde de moindre prix que le Parc-aux-Cerfs.

Pour mieux assurer sans doute ce triste résultat, la France assista aux congrès, représentée par *l'homme aux faits accomplis*; ce parangon, dit-on, de la diplomatie, qui déjà en 1808 s'opposait, autant qu'il était en lui, aux projets de Napoléon. Sa diplomatie avait su, en 1814, servir de trucheman entre les ambitions européennes et ménager les vues et les espérances de chacun, en soufflant le germe des divisions et des troubles. Cette œuvre fut entièrement achevée en 1815 et les ressorts disposés pour tous les cas.

Les successeurs de Pitt n'eurent plus dès lors à nous redouter comme agissant pour nous-mêmes. Une forte rivalité maritime, une invasion continentale ne se recommencent pas à de courts intervalles. Un autre travail les appelle, une autre crainte les préoccupe (2). La Russie est trop forte en Europe ; elle va continuer ses attaques contre la Porte ; elle convoite l'Inde et mâche déjà cette proie absente. La France, dont on avait attendu au moins un contre-poids, était entraînée hors des prévisions d'un diplomate révolutionnaire et courbée sous l'influence d'un cabinet despotique.

Tout à coup trois révolutions méridionales surgissent : la Grèce, Naples, l'Espagne. Ces soulèvemens ne pouvaient arriver dans des circonstances plus marquées. Des tentatives semblables échouaient en même temps en France, et ne s'y élevaient pas au-dessus de la conspiration ou du complot : il n'en fut pas de même des insurrections extérieures. De ces trois peuples, deux n'étaient pas mûrs pour une réforme subite, et cependant il fallut une intervention étrangère pour les réduire. Les Grecs étaient plus disposés : leur ancien amour de l'indépendance n'avait pu mourir sous les fers de l'esclavage, et leurs espérances d'émancipation avaient été plusieurs fois excitées ; ils ne faisaient que suivre une double impulsion extérieure qui remontait d'un côté à une époque plus reculée. Dans cette position la révolution grecque devait seule tenir, car elle seule avait une large base nationale, un puissant intérêt moral, cette religion des souvenirs, cet orgueil d'un nom si fameux qui étouffait l'intérêt matériel bien fort pourtant, puisqu'il avait presque changé la nation des Miltiade et des Périclès en une troupe de pirates. Toutes les vues politiques des puissances réelles concouraient à maintenir cette révolte sanglante des Grecs, qui de leur part au moins fut héroïque. Et nous, Français, qu'avons-nous fait dans ce conflit? On nous a vus combattre en Morée sous le drapeau de la liberté que nous étouffions en Espagne pour le compte du despotisme. On nous a vus, sans aucun intérêt particulier, contre notre véritable intérêt même, brûler à Navarin la flotte de la Turquie, notre alliée de tous les temps, et qu'aujourd'hui nous voudrions en vain détacher de son véritable ennemi au profit duquel a été commise cette grande faute. Et quel avantage avons-nous retiré de ce double attentat servile de Navarin et de Cadix? que nous a valu cet exercice de ballons d'essai fait à nos dépens et à gros dépens?

Deux pages peu honorables dans l'histoire : l'une dira notre intervention en faveur du pouvoir absolu d'un côté et contre nos intérêts; l'autre, notre protection envers un peuple héroïque, il est vrai, mais protection aveugle et servile qui n'a pu nous donner ni influence réelle et utile pour nous en Orient, ni pour la Grèce une existence convenable qui nous acquît des droits à sa reconnaissance. Cette expédition a redonné, a-t-on dit, une vie à notre marine. Quelle vie ! et quels en ont été déjà les fruits ? Avons-nous recouvré Saint-Domingue ou seulement eu la puissance de lui faire exécuter ses conventions ? Non ; mais nous avons débarqué à Alger ; on ne sait encore au profit de qui. Cette conquête équivoque semble faite sous les mêmes inspirations que nos prouesses d'Orient et non pour nous procurer un avantage réel. Opérée dans un sens, compromise aujourd'hui dans un autre, qu'en restera-t-il à la France secondaire, à la France diplomatisée ?

On en était là ; Alger, après Navarin, venait d'attester et de confirmer la tendance politique de la France qui, pour servir trop humblement les vues d'un prétendu allié, en mécontentait un autre plus dangereux pour elle. Cependant, au même temps, la Turquie venait d'être attaquée, vaincue et *non occupée*. Plus tard elle sera *protégée*. Tout semblait aller dans le même sens et dans le même intérêt.

En quelques mois tout est changé. La situation vraie, dissimulée jusque-là pendant toute la restauration, devait enfin être déclarée. Elle le fut à l'aide d'un nouvel et grand événement. La révolution de Juillet amène l'établissement du 7 août et nous rend ostensiblement les alliés de l'Angleterre. Dans ce revirement, dans cette nouvelle direction nous ne savons pas profiter de la circonstance pour reprendre notre supériorité; car si ce n'est plus à Paris, par un ambassadeur russe, que se traitent les affaires où nous sommes *employés*, c'est maintenant à Londres, par un ambassadeur français, par ce même diplomate qui avait tenté d'entraver Napoléon, qui avait fait la restauration, qui n'avait pu y conserver que sa clé de chambellan, qui a mené récemment toutes les affaires de Belgique au point où nous les voyons.

Ce qui suit est la reprise des desseins avortés dix ans auparavant. La Belgique chasse Guillaume; la Pologne relève de terre sa tête ensanglantée, qui doit y retomber bientôt; puis la conspiration Sarde, celle de Naples; l'invasion de Portugal, le testament de Ferdinand VII, la quasi-constitutionnalité de la Péninsule; notons aussi la marche du Pacha d'Egypte sur Constantinople, pour disputer cette proie aux Russes qui ne s'y sont pas trompés, comme on le voit bien maintenant. Voilà comment les dispositions des peuples sont amenées à servir une grande œuvre, dont les développemens sont maintenant évidens. Tout se dispose dans le midi et l'occident pour une grande lutte facile à prévoir, ou plutôt dont les causes sont déjà produites au grand jour de la publicité.

Cependant, que fait-on dans le camp opposé ? Sauf l'écrasement de la Pologne et la protection de la Turquie, rien ! Les souverains de l'Europe, légitimes ou révolutionnaires, semblent avoir fait entre eux une alliance, dont le but est d'ajourner à l'infini la solution de toutes les questions politiques. Ainsi, l'on n'a pas reconnu Dona-Maria; mais l'on n'a pas même eu le courage d'écrire une note diplomatique, pour que les deux frères fussent réduits à vider leur querelle seuls, avec les partisans que chacun d'eux peut compter en Portugal. On n'a pas voulu se prononcer contre Guillaume; mais quand ses troupes furent victorieuses, on a laissé les soldats de Louis-Philippe faire une intervention, et reconduire poliment les Hollandais jusqu'à leurs limites. On ne veut pas que l'Italie soit bouleversée, et on subit à Ancône le drapeau du 7 août. Enfin, quand Ferdinand a déchiré de sa main le traité d'Utrecht; quand on a pu redouter la monarchie de Charles-Quint, ou voir les trois royaumes du midi de l'Europe tomber de tout leur poids sur les états du nord, savez-vous de quelle sublime intervention s'avise la politique Européenne? Elle prie l'ambassadeur de Marie-Christine de différer sa première audience, attendu qu'on est bien aise de voir se dessiner les événemens.

D'où viennent ces dispositions des monarchies européennes, ce système de temporisation et d'atermoiement? C'est que, quelque importance qu'on ait voulu donner aux mouvemens révolutionnaires et à l'effet qu'ils devaient produire, la question n'est pas là, et que la forme accessoire ne peut être prise en considération comme le fond même de l'affaire.

La diète de M. Münch Bellinghausen, trop semblable aux mesures de censure et de police prises en France à une autre époque, tombe comme un ministère. Elle n'a pu réussir qu'à tuer quelques gazettes; pourchasser quelques écrivains, quelques professeurs; éventer une émeute à Francfort; enfin, préparer de toute façon le triomphe des idées libérales. Il faudra, pour remplacer son action, celle bien vantée à l'avance d'un *Congrès ministériel* à Vienne, préparé par deux entrevues de souverains. Et les lenteurs de ce bon roi Guillaume, et son expédition avortée, et la prise d'Anvers, dont on a cru devoir amuser le tapis pendant qu'on avait besoin de repos, et qu'on n'osait ou qu'on ne pouvait faire mieux? Mais tout se rapproche à grand pas de la question principale. Le congrès des ministres allemands à Vienne ne sera en réalité qu'un conseil de guerre permanent pour un cas d'action éventuel et prochain : en même temps on s'efforce de part et d'autre de concentrer tout l'intérêt sur la Turquie et la protection qu'on lui donne. (3)

On sait quel rôle nous avons joué dans cette affaire indirecte d'Orient; comment ont été reçues et respectées les paroles de notre représentant dans ces parages : c'est notre même allure née de situations pareilles, en Turquie lors de la dernière guerre, à Alger après 1830, à Smyrne auprès d'Ibrahim. On reconnaît partout ou manque d'influence, ou perte de celle que nous pouvions avoir.

J'ai ainsi rappelé rapidement, et rapproché autant que je l'ai pu, les faits principaux de notre histoire, depuis près d'un siècle, et de celle de l'Europe qui ont un rapport immédiat avec elle, parce qu'autant chacun d'eux pris isolément et sans tenir compte des précédens peut faire naître de doutes, de conjectures, de discussions; autant, ce me semble, le groupe complet accuse évidemment les causes premières et les volontés qui les ont produits. Il serait trop admirable, on pourrait dire prodigieux, que chacun de ces faits entrât à sa mesure et sans blesser la perspective dans l'encadrement du tableau, tandis qu'il ne proviendrait que d'une cause accidentelle et fortuite tout étrangère à leur cause propre.

On peut voir que hors à deux époques, un instant sous Louis XVI et pendant les victoires de l'Empire, la France n'a point agi comme nation indépendante et de son chef. Sa défense en 1792 et 1793 n'était, après tout, qu'une défense, et quelque brillante qu'elle fût, elle ne pouvait donner la position de choix et la tendance de suprématie que ne manqua pas de prendre l'Empire, qu'on peut faire dater du Consulat. La campagne d'Égypte elle-même, n'a été et ne pouvait être qu'une démonstration politique plutôt qu'une action complète; le continent d'Europe restant à combattre, et la mer, notre seule communication, à disputer constamment aux Anglais.

Il est facile maintenant d'apprécier la position où nous sommes à l'extérieur, car nous savons d'où elle vient. Il ne faut pas prendre les moyens pour la cause, et quelle que fût la puissance de ceux-ci, oublier que, sans un moteur intéressé à leur réussite, ils eussent pu être employés en pure perte. Ce sont-là des réflexions qui désenchantent, je le sais. On ne s'avoue pas sans peine la médiocrité d'un rôle qu'on a proclamé brillant et glorieux; mais quoi, les choses sont ce qu'elles sont : vous avez l'avenir et toutes vos ressources. Faut-il le compromettre par trop de précipitation? Le moment est-il venu d'être ce que nous devons être, et par conséquent de le tenter? C'est une question à examiner et non à trancher. Il faut si peu pour détruire les plus grands et les plus longs travaux quand ils ne sont pas solidement appuyés! Souvenez-vous de Napoléon, et apprenez à prévoir les retours. Si votre ardeur cependant se montre tant impatiente, regardez, l'occasion ne peut vous manquer bien long-temps encore. La paix! La paix! crient en dehors de leur tente les trois Princes du nord, et en dedans ils n'ont dit qu'un mot en se serrant la main : Garde à nous! Ils savent bien, ou du moins l'un d'eux, où est la menace et d'où peut venir l'orage. Il désire la paix car elle lui est avantageuse; il se prépare à la guerre qu'il sait bien à la longue être inévitable; aussi en ôte-t-il autant qu'il le peut les prétextes ou les causes réelles de notre côté. Il va faire terminer cette sotte affaire de son cousin qui pourrait finir par devenir sérieuse (4) : Il évite les coups d'état en Allemagne et gagne du temps par des conférences. Le temps! il a toujours été la devise de cette puissance, qui n'en a cependant pas perdu, comme on voit, depuis Pierre Ier. Cet empire, gouverné aujourd'hui à la Napoléon, autant que le comportent les mœurs et l'état si divers de ses habitans, n'agit pas au dehors aussi impétueusement que nous, mais il marche plus solidement, et ce n'est pas à la légère et sans appuis bien établis qu'il pourrait être attaqué avec avantage. Je ne lui connais qu'un grand mal qu'il s'est donné lui-même, c'est la Pologne, pour lui robe de Déjanire.

Apprenons, peuple gouverné, à user du principal talent de ceux qui savent gouverner les peuples; sachons aussi reconnaître les faits accomplis, pour mieux nous préparer à ceux qui doivent s'accomplir plus tard. On ne saurait brusquement et sans grande perte changer une position faite. Il est plus sûr et plus profitable, on peut dire aussi plus glorieux, de savoir en user de manière à en retirer tous les avantages qu'elle peut produire. On ne va pas toujours à la guerre, et hors le cas de nécessité, se jeter à la gueule du canon; le plus grand des capitaines ne doit pas dédaigner les moyens plus détournés, plus lents et moins coûteux, d'arriver au succès qu'il ambitionne. Oh! que Napoléon ne l'a-t-il fait en mainte occasion, au lieu de représenter trop souvent la grandeur exagérée d'un consul romain! Son nom me fournit encore une dernière réflexion; c'est que pour commencer une ère de succès et de grandeur, il faut le temps, les circonstances et un homme. Nous avons eu un grand nombre de bons généraux, d'hommes d'état habiles ; il ne s'est trouvé qu'un homme, je ne dis pas pour exécuter, mais seulement pour concevoir et suivre l'idée de notre nationalité.

En définitive, il est constant qu'à moins de prévention ou d'aveuglement sur les faits, nous devons regarder notre situation à l'égard de l'Europe, comme la moins défavorable peut-être, à raison des circonstances; et ce jugement ne peut paraître suspect après la qualification que j'ai donnée à cette situation, car autant que tout autre, je porte en moi le sentiment que j'ai signalé au commencement de cet ouvrage, et que j'ai reconnu bon quand il n'égarait pas, l'orgueil national.

Mais après tout, faut-il méconnaître l'exigeance et la nécessité des choses chez nous et chez les autres peuples? Faut-il s'abandonner à des illusions séduisantes qui nous voileraient des obstacles trop réels! On pourra voir dans la suite de cet examen, quelles sont les considérations d'intérieur qui doivent être comptées comme étant du plus grand poids dans nos affaires de peuple à peuple, et c'est dans notre tableau général que nous pourrons achever ce qui reste à dire sur notre situation extérieure; mais avant, nous fixerons l'attention sur *l'Alliance Anglaise*. (5)

Quelque répugnance qu'ait une bouche française

à prononcer ces mots, répugnance fondée d'une par il est vrai, sur des préjugés ; mais d'une autre, sur l motifs les plus graves et l'on peut dire les plus juste à moins d'admettre le stoïcisme au nombre des vertı des peuples ; quelque répugnance, dis-je, que causeı ces mots au premier moment, il faut pourtant bie voir ce qu'est en réalité pour nous la chose qu'ils d signent et de quel œil nous devons l'envisager.

Une alliance entre deux peuples, de nos jours su tout, n'est pas une affaire de répugnance ou de syn pathie, mais d'intérêt ; il ne suffit donc pas du pr mier motif pour l'empêcher ou pour la rompre, nc plus que pour la former. Il est facile, d'après ce qı nous avons dit, de voir quels sont les motifs et l projets de l'Angleterre. Depuis vingt ans nous ı sommes plus ses ennemis directs, et nous somme pour le moment, sans intérêt à le devenir; bien plu nous avons un intérêt marqué à ne pas l'être. Dé cette alliance a été le motif déterminant de notre s curité en 1831 ; et si le gouvernement du 7 août fait un seul acte essentiellement utile à la révolutio c'est à coup sûr celui-là. Mais profiter de cette a liance de manière à ne pas sacrifier les intérêts de France et travailler, au contraire, contre cette a liance s'il le fallait, à lui créer un avenir digne d'el voilà l'œuvre qui reste à faire et qu'on ne peut ach ver si l'on a contracté dans des vues étroites ou anti-nationales.

Nous devons maintenant examiner quel est notre état intérieur sous le double rapport de nos intérêts moraux ou passions nationales et de nos intérêts matériels. Cela nous conduira à savoir ce que nous pouvons attendre de nous-mêmes, et d'après notre place dans la situation générale européenne.

On a souvent accusé le Français de frivolité et d'inconstance; je pense qu'on a tourné la lunette du mauvais côté, et que les nombreuses fautes que l'histoire a enregistrées sont bien moins le produit de ces deux défauts, que de qualités, peut-être poussées quelquefois à l'excès ou mal dirigées.

Ces qualités ou penchans sont l'amour de la gloire et celui de la perfection. Sur un sol toujours fertile, avec tous les avantages réunis des peuples méditerranéens et des nations maritimes, sous un ciel tempéré qui permet le mélange de toutes les races; la nation française, dès qu'elle fût formée, s'est trouvée dans une position comparable à celle d'un homme qui naît favorisé des dons de la fortune et de la nature. Il n'en faut point attendre de premier mouvement des allures gênées et circonspectes, des efforts pénibles pour acquérir un bien matériel qu'il possède. Il a du loisir, des idées vives, des désirs impétueux; il adorera les arts d'abord et la gloire des armes, puis il cherchera la distinction des manières de l'esprit; enfin il enviera le succès des autres dans les miracles de l'industrie, dans les sciences, dans les abstractions religieuses et celles qu'on a appelées je ne sais trop pourquoi philosophiques. En un mot, il ne cherchera pas une bonne vie, elle est trop à sa portée, c'est une belle vie qu'il lui faut, c'est la perfection; et par conséquent il changera souvent pour aller du bien au mieux, il lâchera souvent la proie pour l'ombre. Ce tableau n'est-il pas notre histoire en raccourci?

Dans l'époque où nous vivons, nous avons presque épuisé tout ce qui pouvait nous émouvoir, nous enthousiasmer. Nous avons eu notre gloire en littérature, notre gloire dans les armes, dans les arts, dans les sciences; nos disputes religieuses, notre philosophie sceptique, nos essais multipliés de gouvernemens; nous en sommes maintenant à remuer l'état social lui-même : non pas que nous nous en occupions déjà d'une manière directe, générale et sérieuse, nos mouvemens s'arrêtent encore aux formes gouvernementales, mais au fond de cette eau agitée à sa surface on aperçoit le sable qui commence à bouillonner, menace de s'ouvrir et de tout engloutir. Et cette tendance aux améliorations de constitution intérieure dont nous apercevons aujourd'hui les derniers termes, qui fit explosion à notre première révolution, fut comprimée sous l'empire, absorbée dans l'élan extérieur, puis se réveilla à la restauration et grandit avec d'autant plus de force, qu'après l'avoir rallumée par des concessions tronquées, on s'attacha à l'étouffer par des moyens odieux jusqu'au moment où la digue fut renversée en 1830; cette tendance serait mal appréciée si on ne fesait remonter son origine et sa cause qu'aux opinions des philosophes publicistes de la fin du XVIIIme siècle. Avant même de recevoir un nom, elle l'exerce dans les siècles antérieurs par l'affranchissement des communes et quelques représentations isolées mais énergiques; elle paraît écrite dans les œuvres des poëtes, dans les discours des prédicateurs; elle reçoit des hommages dans les différentes ligues formées sous l'invocation du *Bien public*, enfin, dès que les théories sont formulées, elle devient action générale et va enfanter une révolution, oui, mais comme nous l'avons dit, cet enfantement est provoqué et dirigé (5 bis); c'est un membre qui naît, quelques parties accusent sa nature originelle, le reste est défiguré : voyons ce qu'ell produit en 1830.

Ici encore provocation évidente. Tout était pré sans doute, mais rien assurément d'arrêté. Toutes le relations dont on nous a inondés, toutes les révéla tions plus ou moins accréditées s'accordent sur u point, c'est que ceux qui ont fait de *leurs mains* l mouvement, ne s'y attendaient pas quelques jour avant, et ont agi sans but déterminé. Il y a eu direc tion, c'est là ce qui est avoué hautement et par plusieur avec amertume. Je ne répéterai pas après d'autre l'historique des trois années qui viennent de s'écou ler et que la presse quotidienne a fait assez connaître je résumerai seulement les conséquences de cette ré volution existantes aujourd'hui :

1° Existence de trois partis bien distincts;

Le parti vaincu de la branche aînée;

Le parti dynastique de la branche cadette dit *juste milieu*;

Enfin le parti du *mouvement*, qu'un député mi nistériel a nommé parti du *renversement*, divisé e royalistes de forme et républicains.

2° Dispositions de crainte et de désir du repos dan la plus grande partie de la population; agitation viv et impatience d'action dans une autre.

3° Lacune législative et manque d'institutions répondant aux principes proclamés.

4° Malaise des intérêts généraux et surcharges financières.

Ces quatre points développés compléteront le tableau de notre situation intérieure.

Nous ne dirions rien du parti vaincu, car il l'est aussi bien en Europe qu'en France et ne revivrait ici qu'en renaissant à l'étranger; mais les allures qu'il a affecté de prendre depuis la révolution de Juillet, la honte qu'il a montrée de ses propres actes, sa division tranchée dans les intérêts et les doctrines, toutes ces choses peu importantes peut-être en elles-mêmes, sont cependant des indices de la situation actuelle puisqu'elles en sont un des produits.

Ainsi il n'a point émigré au dehors; autre temps, autres mœurs. Il y a eu ce qu'on a nommé *émigration à l'intérieur*, sorte de bouderie politique, qui pouvait faire du mal à ses adversaires dans un moment de crise commerciale et de besoins matériels, mais qui ne pouvait faire aucun bien réel à la cause; économie et gêne forcées dont on devait se lasser bientôt et qui aussi ont bientôt cessé; enfin démarche si peu réfléchie, si peu sérieuse qu'après l'avoir avouée et proclamée on a fini plus tard par la nier.

Je ne dirai rien de quelques obscurs complots ébauchés par des enfans perdus, par des mangeurs d'argent et *mûris* par la police. Mais il faut noter la Vendée et madame la duchesse de Berry pour un trait caractéristique, c'est qu'après le dénouement (on l'a suffisamment commenté et qualifié), il fut dit par tous les organes du parti, que la duchesse n'était accourue dans la Vendée, que pour *préserver la France d'une invasion et de la république.* Là est une reconnaissance de cette disposition nationale contre l'influence étrangère exercée lors de la restauration, reconnaissance faite hors de toute opportunité, si l'on veut, mais qui acquiert un nouveau degré d'importance par la source dont elle émane.

Il faut noter encore l'erreur où une portion de ce parti a vécu pendant plus de deux ans, sur les intentions de Louis-Philippe par rapport aux *droits* de la branche aînée. C'est un trait qui peint la candeur politique de ces bonnes gens qui ont fait nommer *habiles* par opposition, ceux de leurs amis qui n'ont pas une foi si robuste.

Les *habiles*, puisque je viens de les nommer, émettent aujourd'hui des opinions libérales et progressives que le mouvement envierait, et auxquelles, en ce moment, il semble se rattacher en tant qu'elles restent énoncées en termes généraux. Chacun de ces deux partis a ses idées particulières ; ni l'un ni l'autre ne sait positivement où il va, mais on cherche une issue et on croit en trouver une.

La force du parti légitimiste est uniquement dans sa richesse, presque entièrement territoriale, et c'est-là son seul point d'appui. Aussi, en désespoir de cause, prêche-t-il le vote par communes, pensant qu'il y aurait une influence qui balancerait ses désavantages dans toutes les autres combinaisons. Mais outre que cette ressource est trop ouvertement recherchée par eux, et que leurs organes, bien que réputés pleins d'habileté, n'ont pas même eu celle de rester dans les limites du possible et du vrai, et par des exagérations ampoulées sur leur *nationalité* et leur *amour de la liberté*, ont appelé et renforcé les défiances ; il y a toujours pour ce parti des obstacles comme insurmontables à un succès quelconque ; ce sont ses prétentions qui percent sans cesse, et contredisent ses plus belles protestations, l'accompagnement obligé de la partie du clergé qui veut être de ce monde, et enfin, le nombreux personnel de tous ses hommes connus. Que l'on croie au changement dans les idées et l'opinion d'un homme isolé, cela se peut, bien que cette croyance ne soit guères jamais complète que dans le cercle des personnes qui le voient de près et peuvent mieux s'en assurer. Il n'en est pas de même d'une masse d'hommes, d'une classe nombreuse, qui tire elle-même son premier titre à sa propre estime *de rester fidèle aux traditions de ses pères*. Je sais bien que l'on a fait dire et répéter quotidiennement, que l'ancienne France vivait politiquement sous le meilleur régime de liberté, en exceptant toutefois (parce que ces temps sont trop près et trop bien connus) les règnes de Louis XIII. Louis XIV et Louis XV. Cette assertion trop peu justifiée, et la distinction qui l'accompagne, trop tardivement faite, ne peuvent qu'empêcher de naître la bonne opinion que les autres organes du parti veulent lui conquérir aujourd'hui. Mieux valait une entière palinodie ou le silence; et certes, la portion de ce parti que les raisonneurs affectent de mépriser, avait dans la franche et brusque émission de ses vœux et de ses doctrines, quelque chose de plus grand, je dirai presque de plus gracieux et de plus sympatique, par conséquent, de plus fort et de plus influent, si les circonstances lui permettaient une action quelconque.

En résumé, le parti légitimiste espère, désespère, veut et ne veut pas, agit en partie, en partie s'abstient, et les nombreux échos qu'il s'est donnés dans la presse quotidienne provinciale, n'ont servi jusqu'ici qu'à dévoiler ses craintes, ses désappointemens, ses irrésolutions et ses divisions.

Tout cela prouve que l'état actuel n'est pas fixé, car dans ce cas, le parti légitimiste ne se manifesterait pas ainsi.

Le *parti dynastique* de la branche cadette, commença à agir ouvertement chez M. Laffitte (6) au 30 juillet 1830. On a nié toute espèce de conspiration, d'intrigue, de dessein prémédité de la part du duc d'Orléans et de ses amis, dans le but de préparer des circonstances favorables à son exaltation, ou de profiter de celles qui naîtraient d'elles-mêmes. Sans admettre les assertions contraires telles qu'elles ont été présentées et soutenues depuis quelque temps par les ennemis nouveaux de l'ordre de choses actuel, il faut dire pourtant que tous les faits antérieurs et les traditions de famille, fournissent des inductions auxquelles il est difficile de refuser toute créance, outre qu'en pareille matière il est rare que les preuves matérielles puissent être fournies du vivant de ceux qui ont tout intérêt à les dérober à la connaissance du public : de plus, ceux-là même qui ont davantage appuyé les dénégations à ce sujet, n'ont pu éviter de relater certaines particularités qui portent à acquérir ce genre de conviction qui fait dire : Je ne jugerai pas, mais je le crois dans mon opinion particulière. Ainsi on sait que la vieille cour pensait tout haut du duc d'Orléans qu'il était un conspirateur (7) ; le bruit courut même en 1814, que les alliés songeaient à le couronner, et lors du combat des trois jours en 1830, ce prince redoutant une surprise de la part de la cour, passa une nuit à Villiers, laissant sa famille à Neuilly.

Ce qu'il y a de certain, c'est qu'à moins de pouvoir administrer la preuve contraire, on ne détruirait point l'opinion, ou si l'on veut le préjugé à cet égard, et toutes les conséquences qu'on en peut tirer sur la position de la nouvelle dynastie, tant en ce qui concerne certains personnages en France, que vis-à-vis des souverains étrangers de l'Europe.

Quoiqu'il en soit, personne ne peut contester que ce parti (qui doit son nom de *juste-milieu*, non à sa position nettement fixée entre deux partis extrêmes, mais à un mot de Louis-Philippe en voyage (8) qu'on a relevé pour en faire une sorte de caricature en paroles), lors de l'installation du duc d'Orléans, n'ait su juger des circonstances et des dispositions générales des esprits à cette époque, car Lafayette et les autres provisoires reculèrent ; l'étendard républicain ne jugea pas prudent de se montrer encore. Le nouveau gouvernement s'éleva, soutenu par ceux-là mêmes qui n'étaient pas compromis avec la branche aînée : dans la chambre, un seul député (M. de Cormenin) protesta au nom de la souveraineté du peuple et de la *logique;* malheureusement, ses actes antérieurs parlaient encore plus logiquement que lui.

Mais à peine éclos, ce nouvel *établissement*, comme l'a appelé M. Dupin, *bâcle* en quelques heures, selon l'expression du député logicien, eut à souffrir des vices de son origine sans base rationnelle et de quelques actes aussi précipités que sa création. Ses plus ardens défenseurs même, lui causèrent le plus grand tort, par des résolutions ou des énonciations plus qu'inopportunes. M. Dupin fit admettre l'inamovibilité de la magistrature, en invoquant un principe qui n'a plus d'application, en passant d'une dynastie à une autre; M. Laffitte vint proposer au milieu des émeutes et de la fermentation populaire, une liste civile de *dix-huit millions;* enfin, M. Guizot laissa échapper le mot malencontreux de *quasi-légitimité*, et de *parce que Bourbon*. Dès lors, tous les efforts que le gouvernement eût à faire dès ses premiers pas, pour dominer l'insurrection encore menaçante et des menées plus sourdes et plus dangereuses pour lui, furent des tendances au retour vers le système de la restauration, et soit que la même erreur ait continué, soit que les actes postérieurs n'aient pu réellement être interprétés autrement, cette opinion sur la conduite du nouveau cabinet devint, par suite, à peu près générale hors du cercle des intéressés. Tout alla au pis dès le commencement de 1831 : la démission de MM. Lafayette et Dupont de l'Eure ; la sortie de M. Laffitte du ministère, dont on n'a présenté au public que le fait d'une lettre interceptée; le ministère du 13 mars, l'intronisation de Léopold, l'état de siége au 7 juin 1832, les procès multipliés contre la presse, la présentation de la loi sur l'état de troubles, plusieurs faits de police isolés, *la mort de la Pologne* le lendemain d'un chant de triomphe, et après l'assurance officielle que la *nationalité de la Pologne ne périrait pas;* enfin, la duchesse de Berry soustraite à tout jugement, et la proposition des forts détachés; tous ces faits formèrent un enchaînement de motifs d'accusations et de plaintes, une masse de griefs irritans qui amenèrent l'opposition à se dessiner de manière à justifier en quelque sorte, le nom de parti du *renversement* que j'ai déjà cité.

Cette situation existe telle, aujourd'hui. Il n'y a plus simple blâme, il y a guerre ouverte, et le gouvernement paraît vouloir profiter des restes d'une législation expirante, pour ouvrir la lutte corps à corps.

Qu'y a-t-il de fondé, qu'y a-t-il d'exagéré ou de faux dans les motifs de ces hostilités? Notre tâche n'est pas de discuter ces questions ni de les résoudre. Le fait de l'irritation produite par ces griefs ou réels, ou erronés, en tout ou en partie, ce fait existe, et c'est lui seul qui importe à la connaissance de l'état actuel des choses. Mais la question de situation est sans doute intéressée à l'appréciation de la portée de ce fait, à savoir s'il est profond et durable, et quelle force lui sera, ou pourrait lui être opposée.

Il est évident qu'une justification claire et franche, eût été un grand moyen de résolution. Il en a paru une *sous-officielle* (Deux ans de règne; octobre 1833). Elle est loin de satisfaire au besoin de défense qui l'a fait publier : cet écrit, vrai factum, fort contre les hommes qu'il attaque, en leur opposant leurs actes et leurs discours, est bien faible dans l'exposé du système qu'il soutient et la réfutation de ceux qu'on lui oppose; d'ailleurs, plein de réticences ou volontaires ou forcées, il ne fait à peu près rien connaître, rien même deviner : l'auteur soutient son parti, on pourrait dire tête baissée, et comme ayant adopté la fameuse devise : *Quand même....!*

Comment attaqué de toutes manières, par le raisonnement, par l'insulte publique, par le coup de fusil, par la plus forte opposition parlementaire directe, l'établissement du 7 août s'est-il soutenu? Ce n'est pas par un effet moral; il est né sans enthousiasme, plutôt aux cris de déchéance contre son prédécesseur, qu'aux acclamations en faveur de son exaltation; il n'a certes pas gagné depuis sous ce rapport, mais voici ses appuis: beaucoup d'hommes existent encore qui ont vu la première révolution; la grande masse de ceux qui ont quelque chose à perdre ou une profession à exercer paisiblement, ont voulu l'ordre et la tranquillité avant tout, et repoussé l'insurrection qui menaçait de s'établir en permanence: puis tant d'existences diversement compromises, de positions ou d'ambitions non encore satisfaites qui ne trouvaient que là un refuge assuré; une armée créée par un habile organisateur; enfin, une police active et la perception de gros impôts opérée sans difficultés. Sauf la liberté de la presse et le dépérissement des hauts titres, nous avons ce qu'on peut imaginer qu'eût été l'Empire en temps de paix, j'entends pour l'intérieur.

J'ai parlé du gouvernement plutôt que du parti qui l'accepte tel qu'il est; d'abord, parce que l'existence du dernier n'est pas bien déterminée; ensuite, parce que ce terme de parti semble annoncer une profession de doctrines arrêtées (9), ou une adoption de forme gouvernementale précise, qui sont l'opposé de la position du juste-milieu, position en quelque sorte négative, état de défense plutôt que d'action, et voie de tâtonnemens plutôt que marche décidée d'après une volonté positive.

Le juste-milieu, tel que je viens de le définir, était un besoin sans doute, dans les circonstances où nous avait placés la révolution de juillet, et la preuve c'est qu'il a été et est encore; mais ces circonstances, ou les dispositions des esprits changeant, qu'adviendrait-il de lui ? C'est ce qu'il est facile de prévoir et qu'il prévoit lui-même, bien que les forces dans lesquelles il place sa confiance soient loin de valoir une large base politique.

On a dit, d'après quelques déclarations, quelques formes extérieures et un certain nombre de nominations à telles ou telles fonctions, ou d'admissions à divers droits, à l'électorat par exemple, que la classe moyenne régnait aujourd'hui et formait le parti dominant. Cela n'est point vrai, jusqu'au point où on veut le faire entendre, et le pouvoir est loin d'oser se dire : la classe moyenne est à moi. Celle-ci peut encore moins se croire l'arbitre des affaires et la tutrice du pouvoir. Que l'on considère ce que nous venons de dire plus haut des appuis qui l'entourent, et l'on avouera que si la classe moyenne, à raison des circonstances, est en fait la plus considérable, elle n'est pas influente et directrice comme la noblesse et le clergé autrefois; comme les classes populaires et ses meneurs, pendant quelques années de la première révolution. La classe moyenne est en général peu passionnée, et tellement amoureuse de la tranquillité, parce qu'elle l'est de l'ordre dont la tranquillité est la première base, que lorsque ses premiers efforts, pour conserver un système qu'elle appuie, ne réussissent pas, on ne la voit point revenir à la charge et opposer une résistance nouvelle, mais céder à la force du jour quelle qu'elle soit. Ce ne serait donc pas là un bien solide appui pour le gouvernement qui n'en aurait pas d'autres bien disposés; mais toutefois, c'en est un important, parce qu'il offre deux moyens de résistance; d'abord son inertie, qui gêne singulièrement les efforts des assaillans, et sa première action, qui n'est pas toujours nulle, nous l'avons vu récemment. Et que serait-ce, si au lieu de ne l'appeler aux affaires publiques que partiellement et indirectement, on savait un jour l'enrégimenter tout entière dans ce but, comme on le fait dans la garde nationale pour le service de la paix intérieure? Il faudrait pour cela des institutions nouvelles auxquelles on ne songe pas, et l'abandon de vues et de projets auxquels on songe peut-être trop.

Cette classe, au reste, est aujourd'hui en butte à

deux adversaires dont elle n'avait que l'un d'eux à redouter autrefois. La haute classe est jalouse de son émancipation, et voit en elle le véritable destructeur de ses priviléges et de son influence; les classes inférieures se trouvent à son égard dans une position non identique assurément, mais analogue à celle où elle se trouvait elle-même anciennement près des hautes classes. Le fermier sent le contact supérieur et l'influence du possesseur terrien, l'ouvrier du fabricant, le débitant du négociant ou du banquier, tous les salariés du *bourgeois*. L'effet est sans doute bien loin de celui que dut produire l'aristocratie, mais, réduit en quelque façon à sa plus simple expression, il n'est point nul non plus, et nous voyons assez par des faits tout récens, qu'il peut avoir de vives manifestations (10) qui doivent être comptées au nombre des dangers et des obstacles du milieu.

Nous venons de voir d'où vient le juste-milieu, ce qu'il est et ce qu'on en pense; quant à sa position d'existence, attendu qu'il est gouvernement, elle se trouvera toute entière dans le tableau de la situation générale.

Le *Mouvement*, telle est la première dénomination donnée depuis 1830 à un parti qui se subdivise aujourd'hui en *royalistes de forme*, et en *républicains*.

Pour se faire une idée exacte de ce qu'est réellement ce parti, il faut, comme nous l'avons déjà fait des deux autres, jeter un coup d'œil en arrière.

L'opposition, sous la restauration, était ou paraissait homogène. Quelques hommes distingués par leur position sociale, par leurs talens à la tribune ou dans la presse, étaient les guides reconnus, avoués et suivis par tous ceux que des mécontentemens, des persécutions ou des principes contraires rendaient opposés ou hostiles au gouvernement qu'ils n'ont jamais cessé de soupçonner, d'accuser même de marcher à une contre-révolution.

Cependant, un point essentiel à constater, c'est que toutes les attaques, jusqu'à 1830, faites publiquement et avouées par tous les *libéraux*, nom que le parti prenait alors, n'avaient en aucune façon l'apparence de tendre à un renversement. Et si l'on en excepte les deux ou trois tentatives de conspirations dont les motifs et les moteurs ne pouvaient être recherchés dans l'opposition, celle-ci ne procédait que par voie de réclamations et de blâmes, accompagnés de constantes protestations de fidélité à la dynastie et à la charte. Un seul député, Manuel, manifesta hautement sa *répugnance* pour les Bourbons; on sait ce qu'il s'en suivit. Plus tard, la nomination de l'abbé Grégoire sembla une attaque directe, comme les paroles de Manuel, contre la dynastie. Ces deux faits, purement épisodiques, ne laissèrent point de traces visibles. L'unité de doctrines fut plus complète que jamais, et à la mort de Foy, qui avait proclamé la devise pure constitutionnelle : *la Charte, rien que la Charte;* la manière dont le pays répondit à l'appel qui lui fut fait pour doter les enfans du général, suffirait pour démontrer que cette devise était devenue la sienne, et qu'il y voyait le gage de sa sécurité et de sa prospérité future.

Au commencement de 1830, les choses étaient bien changées. Même auparavant, les tentatives du gouvernement occulte, sous Louis XVIII, et régnant sous Charles X, pour ressaisir le pouvoir absolu, avaient accéléré la marche des idées opposantes, réveillé et comme justifié toutes les défiances, toutes les haines; déjà les rangs de l'opposition, d'abord inaperçus alors que Casimir-Périer avouait si fièrement que la gauche ne comptait que six membres dans la chambre, s'étaient recrutés au point de balancer les centres et la droite, de pouvoir à quelques égards prendre l'offensive; enfin, les sentimens de cette nouvelle force, et quelques intrigues ministérielles, avaient jeté dans ces rangs étonnés d'une telle alliance, une portion du centre droit, et avec elle la majorité numérique. On s'aperçut trop tard de la faiblesse d'un gouvernement mal inspiré, mal entouré, n'ayant la conscience ni de ses défauts ni de ses ressources, essayant comme ferait un malade désespéré, les remèdes les plus contraires. Martignac, tergiversa pour lui quelques instans avec tout son talent (le plus brillant sans doute que jamais ait possédé un homme nul); puis il fallut tomber dans le ministère Polignac, renforcé du plus impopulaire des collègues de M. de Villèle. La disposition acerbe des esprits à cette époque, est présente à toutes les mémoires, et on entend encore cette explosion soudaine de cris d'alarme et d'imprécations. C'est alors que se manifestèrent des opinions et des vœux anti-dynastiques, et que la forme, jusque là scrupuleusement observée, cessa d'être respectée. Des écrits, des estampes injurieuses et satiriques ne conservèrent le voile de l'allusion que pour rendre leur effet plus piquant. Des associations se formèrent, où non-seulement on se proposait de résister au système imposé par le choix du ministère, mais où l'on agita des questions de gouvernement et de souveraineté. Ce fut là où les idées de république furent d'abord émises et acceptées, avec d'autres bases cependant que celles qui sont présentées publiquement aujourd'hui, mais enfin c'était bien la république. Aussi, un journal, servant d'organe à cette opinion cachée, soutenait une polémique isolée qui dut paraître étrange et entortillée à ceux qui n'étaient pas au fait du but et des motifs. Elle eût pu se résumer dans ce passage de la feuille dont je parle : « En de telles circonstances, quelle est la tâche d'un journal véritablement patriotique ? Ne s'occupera-t-il comme tant d'autres qu'à combattre des ministres ? Non ; ce serait le moyen d'avoir toujours de mauvais ministres à combattre. »

Et puis on y faisait scission complète avec le libéralisme et ses chefs comme on va le voir : « La nation commence à ouvrir les yeux ; mais elle conserve encore des illusions ; il lui est difficile de rompre le réseau dont on a mis quinze ans à l'envelopper. A côté du monopole du tabac et des jeux publics, il s'est élevé un monopole de popularité et d'illustration. Les habitans les plus éclairés des provinces ont été, pour ainsi dire, réduits au rôle de ces alliés de Rome qui devaient obéir aux délibérations des citoyens, mais n'avaient point de vote à jeter dans l'urne d'où sortaient leurs destinées. A Paris même, la première condition pour être désigné à l'estime publique a été d'abjurer sa propre estime, en se mettant aveuglément à la suite d'un grand seigneur ou d'un de ces individus qu'on a si grotesquement affublés du nom barbare de *Notabilités banquières*. Les hommes mêmes dont la renommée avait eu le plus d'éclat avant l'invasion, ont été mis sous l'éteignoir, uniquement parce qu'ils étaient restés fidèles à la patrie. Des valets racolleurs de valets, sont devenus, par leur *haut patronage*, les arbitres des réputations, et par conséquent des services que le courage et le talent ne peuvent rendre à la patrie qu'alors qu'ils en sont connus. Tout s'est fait par des cotteries, et les cotteries, quelles qu'elles soient, ne tardent pas à devenir des congrégations. »

Cette voix qui n'allait qu'aux oreilles des adeptes, ne fut pas écoutée ni entendue ; et la révolution arriva sans que cette nuance extrême du mouvement y eût pris position et se fût fait un public.

S'est-elle montrée ouvertement à l'Hôtel-de-Ville, lorsqu'il fut question de remettre les rennes du gouvernement au duc d'Orléans ? Cette circonstance aurait peu d'importance en elle-même, puisqu'elle n'a produit aucun effet, qu'elle n'a pas dérangé d'une ligne, d'un moment, le cours de l'événement qu'elle aurait attaqué. Aucun retentissement au dehors n'accusa de plans ou de prétentions de ce genre, et tout se borna à des articles du même journal, qui, sans prononcer le mot république, le contiennent implicitement à chaque ligne, et l'on se demande pourquoi cette réserve au moment de la victoire. (11)

Dès le 8 août, ce journal se plaint des manœuvres contre les *patriotes*, et après l'établissement du 9 août, il se borne à demander que le vœu de la nation soit consulté, qu'une chambre soit nommée par le vote universel à deux degrés. Cependant il se formait dans le sein même du gouvernement des scissions, des oppositions d'un tout autre danger pour lui que celle que nous venons de signaler.

Le procès des ministres de Charles x fut, non comme l'a dit un défenseur du Juste-milieu, l'épreuve de la révolution de juillet, car le livre même de cet écrivain, publié deux ans après, prouve assez que toutes les questions n'étaient pas résolues pour lui-même, mais l'épreuve du gouvernement naissant et l'occasion d'une dissidence marquée entre lui et ces noms dont la popularité avait tant favorisé sa naissance.

Voici comme l'auteur de *Deux ans de règne* parle de la conduite de M. de Lafayette à cette époque, et ce qu'on vient de dire tout haut, on le pensait alors sans doute; peut-être même ne le cachait-on pas entièrement:

« L'activité du Ministre de l'intérieur, dans les affaires de décembre, a été de la plus haute importance; car, c'est une vérité qu'il faut reconnaître: à cette époque, rien n'était prévu par le commandant en chef; tout allait au hasard; aucun ordre n'était donné à propos, les ordres qu'on donnait ne s'exécutaient pas. M. de Lafayette, à cause de l'autorité de son nom, plus que personne à même de diriger les affaires, ne dirigeait rien, ne prenait aucune mesure; il était toujours comme plein d'incertitude et d'irrésolution; et même il arrivait souvent que M. de Lafayette émettait dans le conseil les avis les plus étranges, et qui n'étaient pas une preuve de grande prudence. Ainsi, lorsqu'il s'agissait d'amener les prisonniers de Vincennes à Paris, pour le jugement, alors que les émeutes devenaient de plus en plus menaçantes, M. de Lafayette voulait que le cortége traversât toute la ville en grande pompe et en plein jour.

« Après le jugement définitif des Pairs, il fallut que M. de Montalivet prît sur lui d'emmener sur le champ les prisonniers du Luxembourg à leur destination, sans attendre les décisions toujours pleines de lenteur du général en chef; et, après tout, si M. de Lafayette eût été le seul homme d'action et de prudence dans le Conseil à cette époque, le jugement de la Cour des Pairs courait peut-être risque d'avoir une tout autre issue.

« Cela ne diminue en rien la reconnaissance qu'on doit à M. de Lafayette pour sa conduite toujours généreuse dans les affaires de décembre, comme dans toutes celles où son nom s'est trouvé mêlé ; toutefois on est forcé de convenir que M. de Lafayette n'a pas eu une bien grande influence sur les événemens de décembre; que si le résultat a été tel, c'est que la majorité le voulait ainsi, et que toute la puissance de M. de Lafayette se serait annihilée devant tout autre vouloir de la majorité; car, il ne faut pas l'oublier, le grand nom de M. de Lafayette n'a jamais été assez fort pour empêcher les émeutes, bien que les émeutes ne fussent que le fait d'un très-petit nombre d'hommes; que serait-il donc arrivé s'il avait eu à lutter contre le plus grand nombre? Très-probablement le résultat eût été le même sans l'homme auquel on veut attribuer un caractère de nécessité. »

Nous lisons dans le même ouvrage : « L'ordre était rétabli, le jugement des ministres avait reçu son exécution entière, des félicitations avaient été adressées au général en chef de la garde nationale, lorsque tout-à-coup on apprit qu'il avait donné sa démission : » Cette démission, l'auteur ne veut lui donner pour motif que l'improbation de M. de Lafayette pour l'art. 50 de la loi sur la garde nationale qui interdisait le commandement en chef de cette milice. En admettant que M. de Lafayette fût très-sensible à la consécration de cet article, il est difficile de s'arrêter là pour motiver sa sortie du commandement et du conseil, et sa persistance à soutenir sa résolution, malgré les nombreuses et pressantes démarches qui furent faites auprès de lui (12).

Il ne paraît guère plus probable que la cause réelle s'en trouvât dans le ressentiment dont un autre auteur présente ainsi les motifs : « Les ennemis de M. de Lafayette, ne manquèrent pas, sitôt que l'ordre fut rétabli et le danger passé, de tourner toute leur haîne contre un homme qui avait rétabli l'ordre et sauvé la France. C'est alors que les intrigues de diplomatie et les jalousies de toutes sortes persécutèrent ce sauveur qu'on abreuve de déceptions et de dégoûts avec une indécente ingratitude. »

Sans prétendre qu'il n'y eut rien de cela, je dirai que dans le Conseil il se trouva des pensées et une volonté contre lesquelles vinrent se heurter les irrésolutions et la tenacité des principes axiomatiques de l'illustre général. Sa position devint intenable, pris comme dans un étau, le lendemain pour ainsi dire du jour où il avait déclaré à la Chambre des Députés qu'il se fesait gloire d'avoir cédé au vœu de la majorité en élevant un trône national.

J'ai insisté sur cette circonstance, d'abord à cause

de son importance en ce qu'elle ôta au gouvernement de son influence et de sa popularité, détermina dès lors la marche hostile de l'opposition ; ensuite, parce qu'elle fût comme le signal de plusieurs autres séparations violentes, toutes produites par des causes ou les mêmes ou semblables. Ce fut M. Dupont de l'Eure, dont les *brusqueries républicaines* ne pouvaient s'accorder avec l'institution d'une monarchie ; MM. Odilon-Barrot et Baude, qui voulaient des *concessions* et qui furent accusés d'en avoir fait autant qu'il était en eux, dans les troubles de février 1831 ; ce fut enfin M. Laffitte. Pour cette démission, aux motifs d'intérieur déjà énoncés venait s'en joindre un autre qui se rapportait à la politique extérieure. La paix à tout prix était le mot d'ordre du Cabinet. M. Laffitte, lui même, la prêchait à toute occasion dans la Chambre ; mais, disait-on, il laissait agir les partisans de la guerre (on sait la discussion qui eut lieu dans le Cabinet pour la non communication de la fameuse dépêche), et son laisser-aller pouvait compromettre la destinée au dehors de la monarchie du 7 août, de même qu'au dedans, « en se laissant dominer par les *anarchistes*, tous les partis s'organisaient autour de lui contre cette monarchie » (*).

(*) Deux ans de Règne.

Le ministère du 13 mars eut donc en tête, avec tous les embarras des précédens, la lutte d'une opposition d'autant plus redoutable qu'elle comptait en première ligne ces mêmes noms qui avaient fait l'appui du nouveau gouvernement, et qu'une partie de la presse devint l'écho et l'auxiliaire de ses attaques.

Le thême principal était la demande des *conséquences* de la révolution de juillet, qu'on ne craignit plus de dire faussée et escamotée. Quelques uns articulèrent la réclamation des promesses faites à l'Hôtel-de-Ville à ceux qui présentèrent un *programme* des conditions de leur adhésion à l'élection d'un nouveau chef. Ce programme, nié par les partisans du juste-milieu, ainsi que le résumé qui en fut fait par M. de Lafayette, « Un trône entouré d'institutions républicaines », contenait entre autres, d'après les réclamans, les dispositions suivantes :

1° La souveraineté nationale reconnue en tête de la constitution comme le dogme fondamental du gouvernement.

2° Point de pairie héréditaire.

3° Renouvellement complet de la magistrature.

4° Loi municipale et communale sur le principe le plus large de l'élection. Pas de cens d'éligibilité.

5° L'élection appliquée à toutes les magistratures inférieures.

Enfin, plusieurs autres dispositions touchant les priviléges et les monopoles qui paralysent l'industrie, etc. Tout cela adopté provisoirement et devant être soumis à la sanction de la nation, seule capable de s'imposer le système de gouvernement qui lui conviendra.

Après la réélection de la Chambre, en 1831, on y voit figurer, aux places jadis occupées par les ultras de la restauration, de jeunes députés formant une opposition plus ardente et trahissant d'autres vues que la gauche. Quelques uns sont chefs d'associations hostiles; ils prennent la position avancée dans toutes les questions où l'existence du gouvernement est compromise; plus tard ils doivent être l'objet de ses poursuites, comptés par lui au nombre de ceux qui l'ont attaqué à main armée. Ils viennent, aujourd'hui, pour ainsi dire, de se déclarer hautement contre la forme actuelle du gouvernement, pour la république.

On sent que la gauche, quoique restant comme séparée de cette nuance (ce n'était encore que cela), ne put s'empêcher d'en recevoir, si non une impulsion, au moins une sorte d'excitation, dans la crainte de rester en arrière et d'abandonner les principes qu'elle avait proclamés, les demandes de progrès et d'exécution de promesses qu'elle avait élevées.

De cette façon la gauche se trouva comme associée,

au moins tacitement, à la *jeune droite*. Aussi, quand l'insurrection du mois de juin 1832 eut éclaté et échoué, non seulement les centres l'accusèrent de connivence, mais n'hésitèrent pas à assigner pour cause à ce mouvement, le fameux *compte-rendu*. (13). La démarche des trois députés vers Louis-Philippe, le soir du 6 juin, servit à confirmer cette accusation. Les centres triomphans furent plus unis qu'auparavant (14), et le ministère fit approuver dans les Chambres les mesures exorbitantes, dont la Cour de Cassation prononçait d'un autre côté l'illégalité.

Cependant la presse hostile était restée, pendant les jours qui suivirent l'action du 6 juin, comme blessée à mort par le canon de Saint-Méry. Elle se retrouva plus animée et plus acerbe aussitôt après l'arrêt de la Cour suprême. Elle changea même complètement son genre d'attaque, et en vint au point où nous la voyons aujourd'hui traitant hautement les questions de renversement et de formes gouvernementales. Les procès qu'on lui intenta ne servirent plus qu'à son triomphe; d'un autre côté, les députés ministériels, et en général tous les fonctionnaires furent assaillis d'un feu roulant de railleries, d'insultes, d'avanies dans leurs provinces. Nous avons vu depuis se continuer dans tous les genres la guerre ouverte entre le pouvoir et le parti extrême: charivaris, toasts dans les banquets patriotiques, associations enrégimentées, coalitions d'ouvriers ; enfin publication d'un manifeste républicain signé par deux députés (15), et d'un journal de même caractère par un autre membre de la chambre.

Quant à la portion du parti que j'ai appelée la gauche et qui avoue la royauté, elle prétend aujourd'hui, dit-on, reprendre un rôle marqué qui fasse oublier sa nullité complète dans la dernière session, et profiter des manifestations républicaines pour présenter des vues et un système plus modérés que ceux de leurs collègues. Nous verrons ce qu'il en peut être dans l'examen de l'état actuel des esprits.

Le parti du mouvement compte plusieurs hommes de talent, pas un homme supérieur, pas un non plus d'une grande popularité, d'une influence puissante. Ses noms naguères illustres sont usés et quelques uns abattus. M. Laffitte vient de voir une souscription en sa faveur attester, par son insuffisance, une sorte de tiédeur et d'indifférence, étonnante chez les uns, coupable peut-être chez d'autres. M. de Lafayette, mécontent du juste-milieu, doit l'être plus encore du parti extrême où il s'est trouvé un homme pour publier contre lui une violente diatribe. Ajoutons qu'il n'y a pas unité dans chacune des deux grandes fractions que nous avons signalées. Dans la gauche, point de ligne de système commun, les opinions y sont presque individuelles; parmi les républicains, les uns veulent un gouvernement analogue à celui des États-Unis, une république en linge fin et à l'eau de rose, les autres proclament celle de 93, ne reculant devant aucune des conséquences que ce système peut produire, allant même au-delà de la Convention ; et parmi ces derniers il faut noter une division qui ne détruit pas, il est vrai, l'unité pendant qu'on en est encore au recrutement et à l'affiliation, mais qui deviendrait profonde si le parti prenait une plus grande extension ou réussissait dans quelqu' entreprise. Le sujet de cette division est l'emploi des moyens à prendre pour arriver au but qu'on se propose.

En général, le parti du mouvement a gagné beaucoup depuis un an malgré toutes les répugnances soulevées par quelques unes de ses manifestations. Quels que soient les événemens autres qu'une répression à la Bonaparte, qui ne paraît guère possible aujourd'hui, il vivra et conservera une force imposante, si même sa forte minorité ne devient pas majorité ; car il combat sur un terrain où on a toujours raison, contre un ennemi placé dans une position où on a toujours tort.

QUELLE est en ce moment la disposition des esprits en France? grande question qui, même résolue le plus exactement possible, pourrait paraître dans un très-court intervalle l'avoir été de la manière la plus erronée; c'est ainsi que ceux qui, en 1830, rêvaient déjà ou la guerre, ou la république, ou au moins des essais haserdés vers un progrès indéfini, en ont mal jugé à cette époque. Quoi de plus naturel alors que de penser que ce grand élan des trois jours allait ouvrir une immense carrière dont on n'aurait pas même osé mesurer l'étendue! Tout ce que notre histoire récente nous présentait de gloire, de grandeur, d'illustration, allait être imité, surpassé; les institutions politiques poussées rapidement vers un dernier terme de perfection. Que dis-je, l'Europe entière allait nous suivre de gré ou de force dans ces voies éclatantes, je ne sais pas même si l'Univers aurait pu s'en défendre et si quelqu' orateur ne lui a pas dans son hyperbole hardie comme adressé une sommation! Qu'en était-il cependant? *vidimus et flevimus.* La masse qui avait coopéré à la résistance et au triomphe de juillet ou y avait applaudi, n'était rien moins que disposée à se mettre en route sur les pas de guides audacieux et impatiens; forte et pleine de courage lorsqu'il s'est agi de finir la restauration tombée dans les ordonnances, elle n'a plus, ce but atteint, senti la même ardeur, la même assurance et cela parce qu'on n'improvise et que surtout aujourd'hui on ne force pas un esprit public. Il avait fallu 15 ans pour préparer le premier mouvement et l'on en voulait de suite un autre d'une portée infiniment plus grande et plus redoutable. La peur suivit la réflexion et le statu quo fut préféré. Toutes les tentatives, faites depuis, ne firent que renforcer ce sentiment et donner par contre un appui au gouvernement d'août. Si l'effet partiel produit par chaque émeute ne suffit pas pour convaincre le mouvement de son erreur, il n'en put plus douter après l'insurrection du mois de juin. Aussi depuis lors, si divers actes de ce genre moins importans ont encore eu lieu, la presse opposante, quoiqu'ayant elle même augmenté d'énergie et de virulence, n'en fit pas moins unanimement profession de condamner les moyens violens. Ces moyens ne peuvent en effet réussir que lorsque la masse est mue par un *intérêt moral* puissant (nous avons donné le sens de cette expression), et celui qui existait en juillet 1830, amorti en août, ne pouvait subitement être remplacé par un autre. Ce nouveau mobile eût-il même existé, sa force eût été contrebalancée, sinon détruite par celle des *intérêts matériels* qui entrèrent en jeu aussitôt après le paroxisme dont l'ardeur les avait fait oublier pendant quelques jours.

Voilà ce que ne comprirent pas alors les hommes

du mouvement ; ils ne virent pas que si UNE révolution avait été possible et acceptée, LA révolution était toujours pour une génération presque contemporaine l'effroi de tous les intérêts, et considérée non d'une manière rationnelle, mais instinctivement comme la cause et la réalisation de toutes les misères publiques. Est-on revenu aujourd'hui de cette opinion ? Je ne le crois pas. Quoiqu'on ait fait, le public n'a point pris plus de confiance au système du mouvement, tout en perdant de celle qu'il pouvait avoir dans le gouvernement. Les hommes violens n'ont porté que des coups fourrés qui leur ont fait autant de mal qu'à leur adversaire, et la cause nationale en est en réalité moins avancée. Pour avoir été trop vîte et trop fort, ils ont usé leurs moyens et épuisé d'avance la mine qu'il ne fallait qu'exploiter par degrés. Quelle forte sensation aujourd'hui les plus audacieuses manifestations produisent-elles ? Quelle conviction naît de ces discussions coulées à fond dès l'abord, et dont la seule appréhension fait reculer ceux-mêmes qui les recherchaient ? Ces improvisations politiques ne peuvent entraîner un public que le passé rend méfiant, qui ne se sent pas suffisamment éclairé et qui finit par s'apercevoir qu'on ne l'est guères plus que lui. Que suit-il de là ? Ce que nous voyons. A côté de la portion ardente et agissante, entre l'opposition qui n'a pas su se faire suivre et le pouvoir qui n'a pu ni conserver tous ses partisans ni en acquérir de nouveaux, la grande masse, celle sans laquelle il n'est pas à croire qu'on opère quelque chose de décisif et de durable, la nation est là à peu près impassible, comme dégoûtée, laissant faire, laissant passer tant qu'un ordre quelconque reste debout, et jusque là ne s'émouvant pas plus de l'attaque que de la défense. L'ordre matériel subsiste; c'est tout pour le moment. Après la crise commerciale et toutes les craintes qu'on a éprouvées, la comparaison de l'état de calme avec l'agitation qui l'a précédé a fortement agi, trop peut-être, mais enfin cet ordre matériel de quelque inconvénient, de quelque méfait qu'il soit accompagné est devenu le premier besoin. Il serait encore défendu, indépendamment de toute tendance politique, jusqu'à ce qu'un grand intérêt moral surgisse ou que les bases de cet ordre matériel soient compromises par l'impéritie des gouvernans en quelque circonstance impérieuse. Un journal du milieu a dit récemment: « Que l'ordre matériel était, il est vrai, rétabli; mais que l'ordre véritable, cet ordre qui va tout seul et qu'on sent à peine, tant il paraît naturel, l'ordre moral en un mot ne l'était pas complètement».

Il n'explique pas au reste ce qu'il entend par ordre moral, mais il faut comprendre le respect dû au gouvernement, car il ne voit la violation de cet ordre que dans les injures prodiguées au roi, à la magistrature, à tous les pouvoirs sociaux et dans la manifestation publique d'une association républicaine. Il ajoute : « Le désordre moral gagne lentement et affecte toute la société, il va toujours s'étendant. Le respect pour le roi et les autorités s'altère. La tour paraît entière et inébranlable aux yeux, mais la mine avance sourdement». Ce tableau, fait évidemment (14 décembre) pour appeler le vote de lois répressives dans la session de 1834, laisse apercevoir des idées d'une plus grande portée; il peint l'état de l'opinion de ceux qui sont politiquement attachés à l'établissement du 7 août : or cette disposition de crainte et d'abattement pourrait, si elle était plus solennellement dévoilée, influer singulièrement sur l'opinion publique et préparer le triomphe de tel système qui se trouverait tout prêt et bien formulé, surtout s'il n'était présenté et défendu en première ligne que par des hommes dont les antécédens récens ne produisissent pas de fâcheuse prévention. Car après avoir parlé de la disposition des esprits par rapport à la chose politique, si nous la considérons par rapport aux personnages qui ont occupé ou occupent la scène, nous la verrons encore plus embarrassée et n'ayant pas là comme de l'autre part un point de repos et d'appui dans le *statu quo*.

Prenez en effet nos hommes politiques connus, l'un après l'autre, et voyez s'il en est un qui puisse arriver pur de préventions et de discrédit bien ou mal fondés ! Qui pourrait oublier l'accolade de M. de Lafayette, la liste civile de M. Laffitte, la loi sur la presse de M. Dupont de l'Eure, la quasi-légitimité de M. Guizot, le dernier homme et le dernier écu de M. Odilon-Barrot, le très-humble sujet et la centralisation de M. Mauguin, la clé d'or de M. Viennet, la guerre à mort de M. Persil, l'opinion de M. Audry de Puyraveau en 1830 (16) et son manifeste à la Robespierre, et tant d'autres écrits ou actes qui, pour avoir fait moins de bruit, ne seraient pas oubliés le jour où leurs auteurs se produiraient? La nation, dans ce moment, n'aurait pas plus de confiance dans les hommes que dans les sytèmes : les uns et les autres paraissent usés.

Mais il est quelque chose qui vit encore dans cette vieille société : c'est le désir inquiet d'un état autre que tous ceux qu'on a éprouvés jusqu'ici, cette appétition d'un bien-être imaginaire, cette tendance à vouloir améliorer, peut-être même à refaire. Toutes les malheureuses expériences qu'on a déjà faites ne sauraient suffire à détruire ce sentiment profond qui se renforce à la fois de tous les progrès de la raison, de toutes ses aberrations même. C'est lui qui devint le sentiment religieux aux temps des croyances, qui trouvait en elles une sorte de repos et y était absorbé comme la foudre dans le réservoir, qui s'est retrouvé isolé et rendu à son énergie première quand les croyances se sont affaiblies. Il se manifeste, il se produit différemment, il est au fond partout le même. Tel le traduit dans un certain ordre d'idées, tel autre dans des idées entièrement opposées, au moins en apparence; mais demandez à tous s'ils veulent le bien public, ils se hâteront tous de s'écrier qu'ils n'ont point d'autre but, et ceux qui penseraient autrement dans un intérêt privé, prendront au moins le masque du patriotisme et de la philantropie. Le bonheur des hommes, tous l'ont prêché, tous l'ont promis. Ça été d'abord, comme nous venons de le dire, l'affaire des religions, d'accomplir cette tâche dans un temps où l'homme n'usant que de la force, non-seulement cherchait son bien au détriment de son semblable qu'il opprimait, mais même goûtait une orgueilleuse satisfaction à opprimer, sans qu'il lui en revînt aucun autre avantage que celui de satisfaire son orgueil par l'empire qu'il exerçait. Le christianisme détourna ce fléau sans le détruire, il amortit il est vrai la violence de l'oppression, exercée dans les vues que nous venons de signaler, en prêchant la charité, et exaltant les esprits vers un bonheur céleste; mais le fleuve gêné s'échappa par un autre lit, et la religion elle-même fournit le motif ou le prétexte des guerres les plus animées, des plus ardentes persécutions. Cependant cette sorte de demi-amnistie, de trêve de Dieu, donna le temps à la raison de s'exercer, à la civilisation de faire des progrès; et lorsque la force religieuse fut relâchée, que l'oppression se remontra sous une forme plus polie et non moins rude, une autre force succéda sous le nom de philosophie qui, ne s'appuyant plus dans le ciel, mais sur la terre, et n'ayant pour origine et pour guide que la raison de l'homme, lutta dès l'abord, contre toute tyrannie, contre tout abus, contre toute vexation, et fit sentir surtout en France, son influence. Maintenant on en est à une troisième période, se défiant presque également des deux guides, sur les pas desquels on s'est égaré. Ne sachant à quoi se rallier, on n'en éprouve que plus vivement le besoin d'une direction et d'une épreuve nouvelle; ce qui pourra en avoir l'apparence conquerra nécessairement quelque faveur; mais il faut le répéter, la crainte est là, et cette crainte est trop justement motivée et trop empreinte dans les esprits pour qu'elle soit vaincue, à moins d'une bien vive lumière, ou d'une erreur telle qu'on puisse la prendre pour la vérité, qui, par conséquent, ne ressemble pas à ce que l'opinion a déjà réprouvé. C'est aux hommes qui aspirent à gouverner l'avenir, à trouver l'un ou l'autre de ces moteurs.

J'AI déjà dit que l'établissement du 7 août n'avait pas de base rationnelle. Ce n'est pas absolument qu'il ait été, comme on l'a dit, bâclé en quelques heures; car, indépendamment des projets antérieurs vers ce but (qu'il est permis, ainsi qu'on l'a vu, de tenir pour vraisemblables) sa création active et apparente a réellement commencé le 30 juillet chez M. Laffitte, pour se terminer au 9 août à la chambre des députés. Mais d'abord dans cet intervalle, le lieutenant-général, nommé tel à la fois par les Chambres et par Charles X, avait déposé le 3 du même mois, les actes d'abdication du vieux roi et de son fils, actes qui contenant la délégation du trône, ne pouvaient être scindés; et tandis que l'on reconnaissait ainsi (car on ne dépose pas solennellement des pièces absurdes et illégitimes ou qu'on croit telles) les droits de l'ancienne dynastie et ensemble leur origine, on posait en tête du parti nouveau, le principe de la souveraineté du peuple dont la reconnaissance étant la négation la plus complète de ces droits, devait par conséquent empêcher ou annuler un pareil dépôt. De plus, ce même principe emportait nécessairement l'idée d'une sanction positive du pouvoir nouveau par tout le peuple, ou au moins par l'immense majorité et de l'engagement pris envers lui. Il n'en fut rien, et quand plus tard, ce reproche a été vivement articulé, on s'est retranché dans des distinctions assez embarrassées sur ce mode d'exercice de souveraineté; l'on a soutenu que l'adhésion ou le vœu tacite était suffisant : on a rappelé les votes écrits, donnés par millions à des gouvernemens de funeste souvenir. Mais que disent les opposans? « De ce que des votes auraient été erronnés, s'en suivrait-il que le droit de voter fût anéanti? Que l'on fît la part des circonstances dans un moment de nécessité, soit : il n'en restait pas moins à satisfaire au principe en temps opportun. A-t-on prouvé que ce temps ne s'est pas présenté depuis, et même en ce cas, l'obligation ne resterait-elle pas entière»? Telles sont les idées qui restent et l'effet produit par cette première lacune.

Toute la législation qui a suivi, s'est trouvée empreinte de ce même caractère réel ou apparent. Les lois votées pour compléter notre système constitutionnel n'ont présenté de dispositions franches et dégagées que dans l'énonciation des principes et quelques détails, mais les principales clauses d'application renferment toujours ou des réticences, ou des correctifs et quelquefois ne sont elles-mêmes dans leur entière contexture, que le développement d'un système contradictoire avec le principe qui sert de base à la loi. Je n'en multiplierai pas les exemples qui sont bien connus, je me bornerai à citer la loi sur les délits de la presse. Assurément, rien de plus avoué que le principe de la liberté d'écrire et de publier ses opinions, et par opinions aujourd'hui, faut-il n'entendre, comme avant la révolution de juillet, que des censures des actes administratifs, encore dans une certaine mesure, avec exclusion de discussions de principes politiques ? C'est pourtant là ce qui a été consacré, l'on pourrait dire ce qu'on a voulu consacrer, puisqu'on n'a rien trouvé de mieux que de remettre en vigueur les lois de la restauration sur cette matière. Et à ce propos je noterai un absurde résultat, monstruosité née de ce chaos législatif, c'est que lorsqu'on a, pour satisfaire aux exigences philantropiques des forts penseurs de notre époque, adouci toutes les dispositions pénales du code de 1810 qui nous régit, il s'est trouvé (la loi de la presse étant spéciale et hors de ce code), suivant les tribunaux, qu'un écrivain, pour une simple contravention, était condamné à plusieurs mois de prison et à une forte amende, à côté du voleur à peu-près amnistié au moyen de circonstances atténuantes.

Mais que dire davantage sur une pareille question, lorsque les ministres eux-mêmes ont reconnu et avoué à la tribune, que plusieurs des lois d'institutions nouvellement portées étaient inapplicables ?

Nous ne récapitulerons pas toutes celles qui ont été annoncées, rédigées même, et non présentées, et celles qui toutes présentées qu'elles sont, ont été, ou retardées ou écartées, sans compter celles qui dériveraient de la loi des référés sur les questions de jurisprudence indécises, loi qui date de 1828, et qui remplace une loi du consulat. Mais il faut signaler comme un trait essentiel de notre situation intérieure, le manque depuis trois ans d'une loi sur la responsabilité des ministres. On peut dire avec raison que l'absence de cette loi, est l'absence du gouvernement constitutionnel lui-même. Entend-on que nous soyons et que nous devions être sous un régime de dictature? On se récrierait sans doute à une telle supposition; rien cependant n'est plus dogmatiquement vrai. La Charte en effet, en créant un gouvernement, ne lui a point donné d'autre base constitutionnelle que la responsabilité des ministres. Cette responsabilité est la seule garantie offerte contre les écarts du pouvoir : voilà la seule différence entre un gouvernement constitutionnel et un gouvernement despotique. Comment se fait-il donc que nous en soyons encore aujourd'hui à la présentation du projet qui règle cette responsabilité ? Quel effet a dû produire dans l'opinion publique une telle incurie, partagée au reste par les chambres, puisqu'elles n'ont pas donné suite, à cet égard, à l'initiative qui leur est attribuée ?

Enfin, au commencement de la session de 1834, est présenté *pour la seconde fois*, un projet sur la responsabilité ministérielle et des agens du pouvoir. Un premier projet avait été soumis le 12 décembre 1832; il a traversé deux sessions sans venir à maturité. Qu'en sera-t-il de celui-ci, qui n'a été proposé qu'*ab irato*, et uniquement pour conserver au gouvernement l'initiative de rédaction, car un député avait déposé sur le bureau une proposition pour la reprise du premier, fortement amendé par la commission, lorsque le ministre se hâta d'annoncer à la chambre qu'il avait en portefeuille un nouveau travail à lui présenter? Ce travail n'a pas besoin d'être long-temps examiné pour déceler les vues et les intentions qui l'ont dicté. Les assurances de sincérité et de justice, dont se prévaut à plusieurs reprises le ministre, suffiraient seules pour appeler une plus sévère attention sur les dispositions du projet.

La presque totalité de ces dispositions est conçue dans un sens favorable à l'accusé, non pas, comme il est de principe que cela soit en matière criminelle, afin de laisser toute liberté à la défense, et toute chance à l'acquittement; mais pour que le ministre dénoncé puisse, neuf fois sur dix, échapper à l'accusation ou au jugement. Parmi toutes ces précautions il faut remarquer celle de l'article 13 : « La commission ne pourra interroger les ministres, ni requérir aucuns documens dans les ministères ». Et celles de l'article 21 qui met aux mains du gouvernement le pouvoir de faire surseoir à l'accusation et au jugement, en soumettant ce sursis à la clôture des chambres, ou à la dissolution de la chambre des députés. Quant à la responsabilité des agens du gouvernement, le projet fait entièrement dépendre du ministre la faculté de poursuivre l'agent, en le couvrant de sa responsabilité.

Ce projet, s'il est discuté, ne paraît pas devoir éprouver un meilleur sort que celui de 1832, bien que M. le ministre ait assuré que les modifications de la commission aient été adoptées par le gouvernement, et fondues dans la nouvelle loi, assertion qui semblerait démentie par le court débat qui a suivi la présentation du projet.

Quoiqu'il en soit, il est à craindre que ce point

de législation constitutionnelle ne reçoive point dans cette session une résolution complète et satisfaisante; resterait-il toujours le fait, que pendant trois ans nous n'avons même pas eu de loi transitoire sur cet objet. Or, que pourra et devra penser le peuple de tout cela ? C'est que les principes tant proclamés par ceux qui sont aux affaires, tant invoqués par ceux qui n'y sont pas ou qui n'y sont plus, ne touchent au fond que bien faiblement les uns et les autres, et par conséquent, ou que les principes sont vains en eux-mêmes et inapplicables, ou que les intérêts individuels prédominent sur eux, et n'en souffrent point la réalisation; voilà ce qu'on ne peut s'empêcher de penser, ce qui ne peut être démenti par la loi elle-même, rendue de façon à ne pas laisser possible la crainte subséquente, que la garantie soit illusoire. Celle que présente le ministère ne fait pas naître cette assurance.

Jusque là, quel a été ou quel sera encore le premier effet de ce défaut de loi ? C'est le défaut même de responsabilité ; c'est que s'il y avait lieu à accusation contre les ministres, ils ne pourraient être ni poursuivis ni jugés. Le motif de nécessité s'est offert pour le procès des ministres de Charles x; les circonstances étaient impérieuses, et le défaut de loi ne pouvait être imputé qu'au gouvernement qui ne l'avait pas présentée, lorsque seul il en avait le pouvoir.

Aujourd'hui, nul prétexte d'illégalité n'existe : la chambre qui jugerait, celle qui accuserait, ne pourrait agir dans la forme ni au fond, sans inconstitutionnalité, sans blesser la justice et l'équité en même temps, puisqu'elle fixerait arbitrairement, et pour un cas particulier, la garantie constitutionnelle, alors que le manque de loi proviendrait en partie de son fait.

Loin de trouver dans l'examen des travaux législatifs de ces dernières années, une compensation aux lacunes si funestes que nous venons de signaler, on est d'abord frappé du grand nombre et de l'énormité des lois fiscales, qui ont presque entièrement absorbé les deux dernières sessions.

C'est avec grand' peine que deux ou trois lois d'organisation ont pu sortir informes des délibérations des chambres ; hors de là, il n'y a pas eu de séance, peut-être, où il ne se soit agi, ou de la présentation ou de la discussion d'une loi financière : une seule a échappé aux filets de l'adoption, c'est celle portant demande d'un crédit de trente-cinq millions pour... les forts détachés !

Sous le rapport financier, les trois années écoulées depuis la révolution de juillet n'ont présenté qu'une seule phase, celle de l'augmentation des dépenses et des charges : l'on a pu remarquer que c'était toujours en présentant le tableau de la détresse financière, que les différens ministères ont demandé des fonds extraordinaires, non pour combler un arriéré ruineux, mais pour faire face à des *besoins* nouveaux, besoins qui presque tous, loin d'être justifiés comme étant ceux du pays, ne paraissent imaginés que pour fournir au gouvernement des moyens onéreux et factices de consolidation.

Un coup d'œil général sur nos affaires financières depuis 1830 (quatre années), nous présente une dépense totale de 4,629,966,000 francs, qui devra être portée à 80 ou 100 millions en sus, lorsque le réglement des comptes définitifs des trois dernières années viendra constater les dépenses réelles de ces exercices, et rectifier les *prévisions* toujours dépassées. A côté de ces dépenses, figurent des recettes qui, pour chaque année, sauf 1830, à raison de la prise d'Alger, ne se sont portées qu'une fois à 980 millions, et ont descendu jusqu'à 948; le total général monte à 3,933,415,000 fr. La différence des dépenses aux recettes, donne donc un excédant de charges en déficit, de 696,553,000 francs. (17)

Pour combler ce déficit de près de 700 millions, le génie financier a puisé abondamment à toutes les sources; la dette flottante, l'impôt, les ventes de bois, les emprunts y ont successivement, et par fois simultanément concouru. (18) Il a été réalisé sur ces crédits, en déduction du déficit jusqu'au 1er janvier 1833, pour 509,527,000 francs, ce qui réduisait l'arriéré à 187,026,000 francs d'après l'état des dépenses présumées; or, en ne portant qu'à 70 millions pour trois ans, les excédans que les arrêtés de comptes viendront révéler, on peut dire que l'année 1834 s'ouvre, en réalité, avec un arriéré antérieur de plus de 250 millions, tandis que la portion des crédits extraordinaires ouverts non réalisée, n'est que de 196 millions. Aussi, le ministre des finances en présentant le budget de 1834, a-t-il demandé qu'il lui fût accordé la faculté de maintenir en circulation des bons royaux, pour cette même somme de 250 millions. Il faut remarquer que l'emploi des moyens extraordinaires, en opérant cette diminution sur le déficit total, a augmenté la dette permanente de 21,683,000 francs, à raison de la diminution des revenus des bois et des intérêts à servir à la dette flottante et aux divers emprunts.

Quant au budget de 1834, qui vient au monde après l'épuisement de la presque totalité des ressources extraordinaires, il eût dû pour *équilibrer*, comme l'avait annoncé le ministre, les recettes et les dépenses, ne pas accuser de fausses économies, et ne pas admettre de folles ou inutiles dépenses. En le prenant pour ce qu'il est en réalité, on trouve qu'il devra gréver l'arriéré d'au moins 130 millions, en portant ses dépenses réelles au minimum à 1,113,000,000 fr., et ses recettes, telles qu'elles ont été évaluées dans leur maximum, à 983,000,000 francs. (19)

Cet excédant pourra éventuellement s'accroître des portions qui deviendraient exigibles sur les deux crédits votés, l'un de 20 millions pour l'emprunt grec, et l'autre de 25 millions pour le traité américain.

Nous avons donc en perspective un déficit de *quatre cents millions* environ, après avoir frappé à toutes les portes pour sortir de l'arriéré. En supposant que les 196 millions provenant des ressources extraordinaires soient réalisés, il restera encore plus de 200 millions de déficit ; et les valeurs qui servaient de gages au crédit de l'Etat, pour les besoins urgens et inattendus, auront presque entièrement disparu.

Ce n'est pas là, sans doute, ce qui définitivement peut constituer en banqueroute inévitable un pays comme la France; cependant en agissant comme on l'a fait jusqu'ici, se garantira-t-on toujours d'un funeste résultat?

Que doit-on attendre après ce qu'on a vu demander relativement aux dépenses de 1834 ? Ces dépenses, sans y comprendre 20 millions de crédits ouverts pour l'achèvement des canaux, etc., restaient au-dessus des recettes présumées de près de 20 millions, et cela, en retranchant du budget de la guerre environ 100 millions. Dans cette position on se hâte, en outre de menues demandes pour fonds secrets, pensions nouvelles, etc., de proposer 100 millions pour le Ministre du Commerce et des Travaux Publics, afin que nous ayons un Arc de triomphe, une Renommée sur le Panthéon, des *Etudes* de chemins de fer, etc. C'était là, comme l'a dit souvent un député de l'opposition trop peu écouté dans ses constantes réclamations (M. le général Demarçay), c'était faire l'acquisition d'un tableau de prix, lorsqu'on ne peut pas payer les loyers de sa maison.

Voici venir maintenant le budget de 1835 qui, *de l'aveu du Ministre lui-même*, offre un déficit de 67,582,132 francs, qu'il couvre dans la même loi, par un crédit extraordinaire en rentes ou ventes de bois de 70 millions. Sans aller plus loin, ni faire pour cette année de plus amples recherches, on doit voir qu'elle laissera, elle aussi, plus de 100 millions à l'arriéré. Il faut remarquer qu'à côté de cette loi de finances pour 1835, il en a été présenté une autre, portant à la charge de l'exercice 1833 un surcroît de 20,531,982 francs, en crédits supplémentaires et crédits extraordinaires, ce qui doit en faire présumer autant pour l'avenir des exercices 1834 et 1835.

Un nouvel emprunt est annoncé par le ministre comme indispensable. Il sera vraisemblablement de 200 millions, n'importe la dénomination ou la forme sous laquelle il sera proposé. L'émission des bons royaux est toujours autorisée jusqu'à concurrence de 250 millions; mais dans le cas où cette somme serait insuffisante pour les besoins du service, il y sera pourvu au moyen d'émissions supplémentaires, ainsi l'autorise l'ordonnance du roi. Voilà donc une porte ouverte à une augmentation indéfinie de la dette flottante !

Une pareille marche ne peut assurément faire cesser le malaise et les embarras de notre état financier.

Mais outre le mal produit par l'excès des dépenses, un plus grand encore menace les recettes d'une détérioration complète, en sorte que l'équilibre, déjà si loin de pouvoir être établi, serait totalement renversé. Les causes principales de ces graves atteintes, que nous avons à craindre pour les revenus publics, sont d'abord les réclamations si vives contre les impôts d'une rentrée certaine, tels que ceux sur les sels, les boissons, les tabacs, etc., etc., réclamations faites, nous le pensons, dans des vues honorables de bien public, mais, nous le croyons aussi, avec bien peu d'intelligence de la matière. Nous aurons lieu de le démontrer plus loin.

Il faut ensuite compter comme nuisant au revenu public par l'industrie, quoique paraissant en certains points augmenter les recettes, les nouvelles modifications proposées à nos tarifs de douanes, dont il est à craindre qu'elles aient été réglées plutôt sous l'influence puissante d'une *alliance intime*, que sous l'empire plus légitime des vrais intérêts du pays.

Ce qu'il y a de certain, c'est que les importations d'Angleterre en France, sous le régime actuel, sont de quatre à cinq fois plus faibles que celles de France en Angleterre : la moyenne des premières ayant été de 17,780,000 fr. pour cinq années (1828, 29, 30, 31 et 32) et celle des autres de 70,420,000 fr. — Conserverons-nous cet avantage après l'abaissement de nos tarifs? Pour se faire une idée de la manière dont un peuple d'une prudence commerciale consommée, procède en pareille matière, voyons ce qu'a fait l'Angleterre, tout en proclamant l'application de ce principe, si haut prôné, de la liberté du commerce.

Elle réduit en 1815 le droit des cotonnades à dix pour cent; et à ce droit, elle en reçoit en 1831 pour une valeur de 500,000 fr., lorsque ses exportations sont de 500,000,000 ! Elle réduit le droit des draperies à quinze pour cent; et à ce droit, elle en reçoit pour une valeur de 1,700,000 fr., et en exporte pour la somme de 125 millions! Le droit des toiles est abaissé à 25 pour o/o ; elle en reçoit pour une valeur de fr. 1,600,000 fr., et ses exportations sont de 51 millions! La réduction sur les fers est de 38 fr. par tonneau ; elle en reçoit pour 3,800,000 fr.; elle en exporte pour 25 millions.

Ces chiffres, dont l'exactitude ne peut point être contestée, disent assez quels avantages elle avait acquis dans ces fabrications de premier ordre, avant que d'abaisser les barrières par lesquelles elle les avait si long-temps défendues.

La liberté du commerce! mais l'Angleterre ne la sollicite que parce qu'elle lui serait profitable; si elle abandonne le système exclusif et prohibitif qu'elle a constamment suivi, c'est que les circonstances ne sont plus les mêmes, que son intérêt en souffre ; ce n'est pas seulement un lien de concorde et d'amitié qu'elle veut établir. Son intérêt! voilà le véritable, le seul motif qui la guide; l'Angleterre n'a pas plus en vue, dans ses traités d'alliance, la prospérité des peuples, qu'elle n'a consulté l'humanité pour l'émancipation des noirs de ses colonies occidentales.

Lorsque la nation Anglaise pouvait redouter la concurrence de nos produits, et que nous lui demandions réciprocité entière de commerce, nos offres furent repoussées comme dangereuses pour leur industrie. Sur la fin du dix-septième siècle *elle prohiba même le commerce avec la France comme un dommage public*. Depuis ce temps ses manufactures, ses fabriques ont tellement fait de progrès qu'elle inonderait l'univers entier de ses marchandises manufacturées pour lesquelles elle n'a pas assez de débouchés. Aussi éprouve-t-elle la nécessité d'une liberté pour ainsi dire illimitée de commerce et l'appelle-t-elle en invoquant des principes sur le sens desquels nous ne devons pas nous méprendre. C'est à nous d'apporter la plus grande défiance dans la conclusion d'un traité avec une puissance qui n'a jamais contracté d'alliance et promis son amitié sans compter obtenir en échange des avantages positifs. C'est à nous de nous assurer, à notre tour, si une liberté ou une réciprocité de commerce ne serait pas *un dommage public*.

Dans l'exposé de la loi, déjà présentée sur ce sujet, et dans le rapport fait à la chambre, on a reconnu, il est vrai, qu'une protection était indispensable ; on a dit même que certaines prohibitions l'étaient aussi ; mais toute la loi est empreinte d'une tendance visible à hâter autant que possible les diminutions. Le problême, qu'on annonce préliminairement comme ne pouvant recevoir une solution générale et absolue, ne paraît pas avoir embarrassé beaucoup le législateur dans le dispositif de la loi, principalement dans les articles relatifs à l'importation des cotons filés et à l'exportation des soies grèges et moulinées si favorables aux industries étrangères et sur-tout à l'industrie anglaise qui, on le sait, nous est supérieure pour les cotons et travaille avec succès à rivaliser la nôtre pour les soies fabriquées.

Tout récemment, M. le Ministre du Commerce vient de rassembler, en une sorte de congrès consultatif, les Conseils Généraux d'agriculture, de commerce et des manufactures; mais qu'en aura-t-il pu résulter de mieux que des enquêtes faites dans le même but en 1826? Seulement à cette époque nous étions moins qu'aujourd'hui sous l'influence étrangère la plus dangereuse pour nous à cet égard. Ne peut-on pas y voir la cause du retard et presque de l'écartement de la loi alors, tandis que maintenant on en hâte la confection?

Nous aurons lieu de revenir sur cette loi et sur le projet d'un traité de commerce avec l'Angleterre.

Reconnaissons ici comme élémens de notre situation financière :

Arriéré épuisant les ressources extraordinaires.

Etat constant de supériorité des dépenses sur les recettes.

Causes probables d'altérations dans les revenus ordinaires.

Tel est l'exposé, aussi rapide qu'il nous a été possible de le faire, des faits généraux anciens ou récens qui nous ont paru indispensables à rappeler, pour pouvoir tracer le tableau de notre situation actuelle, sans être forcé à des digressions trop fatigantes pour le lecteur.

Après avoir parcouru et bien saisi les élémens de notre situation tant extérieure qu'intérieure, il ne nous reste plus qu'à en faire le tableau général et à en dessiner les détails principaux.

Et d'abord, quant à la position que devaient prendre le gouvernement et les différens partis à l'ouverture de cette nouvelle session, comment n'aurait-on pas conclu à un défaut réciproque d'action immédiate? Comment le discours du trône n'eût-il pas été aussi peu significatif, ou pour mieux dire, explicatif; car il signifie assez sans doute, par ses réticences et ses déclarations incomplètes contredites les unes par les autres. Un discours de la couronne n'est pas un article de journal ou une émanation de l'opinion d'un particulier, mais un manifeste gouvernemental. Or, si les premiers ont encore leurs réserves et leurs réticences, combien plus en doit-il être gardé dans un acte aussi exposé aux interprétations, dont la moindre expression peut être traduite en fait; et quand des circonstances, telles que celles que nous avons exposées, ont précédé un instant où tous les intérêts sont en opposition tant au dedans qu'au dehors, où toutes les questions, depuis long-temps soulevées, sont pour ainsi dire acculées et présentées à la fois comme demandant impérieusement une solution, que peut-on attendre d'un gouvernement en de tels embarras qu'un mutisme complet? A part les phrases de style, deux choses seulement y apparaissent : une plainte comme soupirée contre les factions, c'est-à-dire contre les attaques de toutes sortes auxquelles le juste-milieu est en butte, qu'il se reconnaît impuissant à réprimer, dont il ne peut pas même se défendre autrement que par un recours quotidien aux moyens violens, et puis l'annonce de ce resserrement d'alliance avec l'Angleterre dont le prélude est cette loi des douanes présentée comme *attestant les progrès de notre industrie et conciliant la protection qui lui est due avec les principes de liberté sage que sont disposés à admettre les gouvernemens éclairés.*

Je ne me ferai pas juge de la question de savoir jusqu'à quel point, en France aujourd'hui, il peut être bon de ne donner qu'une partie des motifs qui déterminent une résolution si essentielle et de taire ou déguiser les véritables. Peut-être qu'en présence du système de douanes, si habilement établi et propagé par la Prusse, on eût pu agir et parler plus franchement, plus ouvertement, et qu'ainsi on eût intéressé le pays à l'alliance, qu'on déclare intime, en contrebalançant la répugnance qui y est contraire par une autre aversion plus forte encore et plus prononcée. Ce système de douanes prussien est tellement envahissant, que déjà l'on annonce que des tentatives auraient été faites auprès du gouvernement belge et de la diète suisse pour y engager ces deux pays, en sorte que la France resterait isolée et en dehors du commerce libre de tout le nord du continent. Heureusement, de ces deux assertions l'une est impossible pour le moment et l'autre absurde ; mais elles servent à démontrer comment on est frappé du caractère hostile de cette diplomatie commerciale du cabinet de Berlin, faisant ainsi à la fois ses propres affaires et celles de la triple alliance.

Quant à la plainte contre les *factions*, elle décelait assez par sa modération forcée le pénible embarras qu'était venue augmenter la dernière poursuite tentée devant le jury, dont le résultat n'a été qu'un revers pour la magistrature. En vain, toutes les forces ministérielles se sont-elles réunies pour relever de ce coup une considération perdue par le triomphe de celui-là même dont les nombreux dévouemens ont été accompagnés d'aussi nombreux insuccès; la vice-présidence de la chambre n'a pu être obtenue pour le chef du parquet : et soit habitude, soit influence du parti sans nom qui fait la guerre sourde au ministère, sans être de l'opposition, cette vice-présidence a été rendue au député qui avait plusieurs fois blâmé jusqu'à la flétrissure certains actes des ministres. Cette nomination, ou plutôt le rejet du candidat ministériel, dénote assez qu'il n'y a pas dans la chambre assez d'élémens propres à la réussite de plusieurs projets dont l'annonce avait été comprise et signalée dans le discours de rentrée de la Cour Royale de Paris.

Le scrutin pour la présidence a également révélé quelle serait la persistance de la chambre dans son système de résistance à toute opposition conduite dans le sens ou par les hommes du compte-rendu. On n'eut pas cru certainement, avant la séance du 24 décembre 1833, que M. Laffitte n'aurait obtenu que onze voix. Où donc est cette influence qui se produisait encore le 1er août 1831 par 168 suffrages, et le 21 novembre 1832 par 136? Elle s'en est allée comme toute sa vie politique que ni lui ni ses adversaires ne peuvent expliquer d'une manière satisfaisante.

Ce chiffre de onze voix fait aussi que l'on se demande où sont les hommes du compte-rendu eux-mêmes, et pourquoi un aussi faible nombre s'est groupé autour de leur président. Il est singulier qu'après ce fait un journal de ce parti ait dit avec une certaine assurance : « Une contre-adresse peut être pour l'opposition la revanche du compte-rendu.... L'important est qu'elle dise bien clairement à la France ce qu'elle veut..... Un document collectif de cette nature est un drapeau, et il en faut un à l'opposition constitutionnelle. » Cela pourrait être vrai si l'opposition était une ; mais elle est réellement triple, et des dissidences capitales séparent les fractions qui la composent. Vainement d'autres organes de l'opposition viendraient se joindre à cet appel et l'appuyer, la contre-adresse ne serait pas le remplacement du compte-rendu, mais une faible contre-épreuve.

La couleur générale de la chambre semble être

du tiers-parti, et à moins que la session ne soit nulle ou qu'on ne s'occupe que de quelques lois arriérées peu importantes, on devra voir enfin si cette nuance du milieu pourra prendre consistance et pousser son chef aux affaires : quant à ce qu'elle ferait dans ce cas, il est peu facile de l'indiquer précisément, puisque bien loin d'avoir, comme on le dit aujourd'hui, formulé son programme, elle n'a pas même donné les signes d'une existence réelle par une détermination qui lui appartînt. Mais le moment décisif est arrivé. Cette session devra mettre au jour, sinon les forces, au moins les vues et les projets de tous les partis et de leurs fractions, la recomposition prochaine et inévitable de la chambre en fesant un devoir aux députés prêts à rendre compte à leurs commettans et à reparaître devant eux pour briguer leurs suffrages. L'influence de cet événement nécessaire est d'autant plus forte que toute la presse opposante s'étant rattachée à la question de la *réforme parlementaire*, comme à une ancre de salut, et ayant provoqué de toutes parts, en dehors et au-dedans de la chambre, des demandes d'extension de la loi électorale, il faudra que les opinions divergentes entrent en lutte et arborent franchement un drapeau ; car la *réforme* n'est la même pour aucune d'elles ni dans sa forme, ni dans son degré d'extension, ni surtout dans son but. La question est vitale et donnera une solution, un dénouement final à l'imbroglio politique qui dure depuis trois ans.

Cependant rien de marqué, rien de concluant ne s'est manifesté dans la discussion de l'adresse qui semblait devoir amener et des déclarations positives, et de vives protestations, et de violens débats. Cette adresse si obséquieuse, si fidèlement calquée sur le discours du trône, n'a pas même été attaquée directement : les discours des orateurs les plus distingués de l'opposition ont été bien loin de ce qu'on pouvait en attendre. La république ne s'est point posée nominativement comme on l'avait annoncé; les députés qui en avaient signé le manifeste ne voulant pas sans doute la compromettre dans une chambre à qui elle avait adressé l'épithète de prostituée. Ainsi l'opposition, sauf quelques signes plus marqués de dissidence et de division, se montre à peu près ce qu'elle était à la dernière session, sans plus de mouvement, sans plus de forces, s'appesantissant sur des détails et des griefs particuliers, n'abordant avec connaissance et plénitude de vues aucune grande question quand toutes celles de ce genre sont urgentes. D'où peut venir ce défaut de vie et d'énergie ? c'est la dernière session de la législature. Les députés qui tiennent le dé des discussions redoutent cette épreuve des réélections générales, toute leur importance politique personnelle tient à leur présence à la chambre, et pour s'assurer le retour on se présente d'une toute autre manière que si l'on avait cinq ans devant soi. On a dans cet intérêt, plus que lorsqu'il s'agit seulement des affaires publiques, étudié le fond des choses qui est ici la disposition des esprits : on a vu que cette portion, que la crainte domine, était toujours la plus nombreuse et la plus forte, et la modération a paru commandée impérieusement. Pourquoi donc cette faible, l'on peut dire fausse tactique ? Comment ces députés peuvent-ils compter sur un corps électoral qui se voit menacé lui-même dans son existence ! La modération de quelques discours effacera-t-elle les impressions déjà reçues, et si elle y parvient, ne détruira-t-elle pas ainsi tout le fruit qu'on pouvait attendre des efforts antérieurs ? N'eût-il pas mieux valu pour l'opposition les redoubler franchement ? Elle y eut eu meilleure grâce sans doute, et n'en eut pas été plus suspecte aux électeurs. On se méfie naturellement des intentions de ceux qui changent leurs allures sans motif plausible.

Les hommes ne paraissent donc pas devoir agir fortement à cette session. Si quelque mouvement s'y opère, ce sera par la nature des choses et peut-être contre les intentions et les volontés de plusieurs. Tout se passera encore entre le gouvernement, d'un côté, qui a tracé ses instructions par triplicata dans le discours et les deux adresses, et de l'autre les centres un peu acidulés par le tiers-parti. Dans cette situation, on ne saurait regarder comme impossible l'accomplissement de ces instructions ; car où seraient les obstacles s'ils ne sont pas dans la chambre ? La presse ! elle est forte sans doute et même toute-puissante ; mais non pas seule. Il lui faut de l'écho ou dans la chambre, ou dans la grande masse, ou dans la rue, et pour cela il faut un grand motif : l'attaque qu'elle a commencée sous le drapeau de la réforme parlementaire est le seul ressort qui ne soit point encore usé.

Transportons-nous maintenant hors de la chambre, et voyons ce que promet cet appel de la *réforme parlementaire*

C'est ici qu'il faut distinguer et saisir les différens intérêts qui vont être mis en jeu.

Les partisans de la réforme radicale, c'est-à-dire, qui demandent jusqu'au vote universel, sont les deux partis extrêmes. Ils espèrent donc tirer de la même source, les deux formes gouvernementales les plus opposées ; l'un et l'autre se flattent de conquérir le suffrage des masses, l'un en leur présentant une perspective qui les a toujours séduites, celle d'une importance politique dont elles sont privées par la loi actuelle ; l'autre en la dominant par l'influence de ses richesses et des idées religieuses. Mais tous deux vont plus loin, et reconnaissant la puissance actuelle des intérêts matériels, ils en promettent la satisfaction : là, ils se créent un obstacle, en croyant se donner un appui.

Le premier y a déjà échoué, après avoir mis aux classes qu'il a spécialement en vue les armes à la main. Le second se fait une étrange illusion, en pensant qu'il peut aujourd'hui s'imposer à des hommes dont la majorité lui est hostile, et le sera d'autant plus, qu'il la verra de plus près. L'un et l'autre risquent leur dernier enjeu bien précipitamment, en brusquant ainsi la demande d'un retour à une expérience déjà faite, et qui n'est point oubliée, sans s'être donné le temps qui paraîtrait convenable pour préparer les esprits à cette nouvelle tentative.

Viennent ensuite les partisans d'une réforme limitée qui présentent chacun un degré et des formes différens d'extension des droits électoraux. Bien que la chambre actuelle n'ait pas accueilli aucun des projets qui lui ont été soumis sur cette matière, supposons-en un qui puisse les concilier et les fondre, il est probable qu'il entraînerait les suffrages de la nouvelle chambre qui penserait écarter, par une concession, les dangers de demandes plus exorbitantes; concession dont se contenteraient sans doute certains membres d'une opinion extrême, satisfaits eux-mêmes d'avoir gagné une notable portion du terrain sur lequel ils désirent se placer. Pour se faire une idée de ces possibilités, il faut se reporter à la discussion de la loi actuelle en 1831, dans laquelle M. de Lafayette votant pour le cens à 200 fr., déclara que, dans son opinion, la France jouirait par là du système électoral le plus large. Or, si cette concession satisfaisait alors à ce point l'honorable député, les extensions proposées aujourd'hui pourraient bien en satisfaire d'autres.

Quant au juste-milieu, il disputera sans doute le terrain tant qu'il pourra : on en peut juger par les opinions déjà émises dans ses journaux, dont l'un a proclamé comme une faute irréparable la non dissolution de la chambre, et dont l'autre combat chaque jour toutes les idées de réforme.

On peut dire que la réforme était devenue nécessaire en Angleterre, où non-seulement la vénalité des suffrages existait (abus qui au reste ne peut être entièrement évité dans aucun système), mais était portée au dernier degré de turpitude, et se trouvait pour ainsi dire provoquée par la loi qui attribuait un grand nombre de nominations à de très-minimes localités, nommées à juste titre Bourgs-pourris, en privant de ce droit des populations considérables par leur nombre et leurs richesses : une réforme était le résultat inévitable d'un pareil état de choses au sein d'un peuple éclairé ; et encore l'espoir d'une toute autre amélioration, celle des intérêts matériels directs, y est-il entré comme principal moteur. En France, les demandes d'une réforme ne s'appuient qu'indirectement sur cette dernière sorte d'intérêts ; le motif mis en avant et qui fait drapeau, c'est le droit que l'on fait dériver de la souveraineté du peuple, droit qui ne peut être ni prescrit ni restreint, celui de concourir à la nomination des députés. Tout ce qui écrit, a écrit que le système électoral actuel ne mettait réellement en action que cent mille électeurs environ, que par conséquent la nation n'était pas représentée. On oppose les millions de Français qui se trouvent exclus de tout droit politique, et qui ainsi, politiquement parlant, sont dans un état d'ilotisme. On blâme, on attaque, et jusque là on a raison (20). En est-il tout-à-fait de même quand on passe à la seconde partie de la question, savoir à l'excellence de ce qu'on propose ?

Ceux qui veulent une réforme limitée se flattent-ils de satisfaire les partis extrêmes ? Assurément non.

Croient-ils renforcer le milieu au point de faire taire ces partis, ou de les empêcher complètement d'agir? Mais il faudra donc toujours comprimer la liberté de la presse et la liberté individuelle; ce sera alors à peu de chose près le même système avec un surcroît d'ambitions sur les rangs. Il y aura toujours privilége et partant lutte et désordre. En théorie, le droit n'aura pas été reconnu, puisqu'il demeure restreint; dans l'application du nouveau privilége, la chance d'augmenter le nombre des adhérens à l'ordre actuel sera plus que compensée par l'introduction au sein de l'action politique d'une grande partie de ses ennemis. Ceux qui espèrent et ne comptent faire qu'une concession utile se verraient très-probablement dépassés tôt ou tard : cette mesure ne serait tout au plus qu'une abdication à long terme, et peut-être à terme très-court. On a fait grand bruit de l'adjonction des capacités, mais on n'a pas vu que tout ce qu'on disait en leur faveur tendait à établir un privilége plus révoltant encore que celui du cens, pour le sentiment moral de l'égalité, puisqu'il n'y a pas de chance pour tous d'y arriver, attendu que l'intelligence ne s'acquiert pas comme la richesse, et que de plus on ne peut, sans contradiction évidente, conserver aucune fixation de cens en admettant les capacités, car, comment défend-on l'adjonction de celles-ci? En se récriant sur ce qu'un censitaire ignorant jouit d'un droit politique, tandis que l'homme *capable*, mais non-contribuable, demeure en dehors du droit. Et comment y obviez-vous ? en joignant des hommes légalement déclarés capables, avec d'autres qui n'ont de titres que leur cens; et ils devront faire partie de la même assemblée, coopérer avec égalité de droits à la confection des lois ! Vous pensez qu'ils s'accepteront mutuellement, qu'ils ne formeront pas deux masses séparées et contraires, deux partis dans chaque parti ! Mais on va plus loin, et l'on semble admettre par grace le simple censitaire. Comment en effet attendre qu'un vote consciencieux et éclairé puisse être donné par un homme qui n'a montré d'autre science que celle de bien conduire ses affaires ? Ce qu'on nomme capacité est bien autre chose : ce citoyen distingué qui aura rimé avec grâce une chanson à Lisette; psalmodié une ode au Liban; rédigé *un premier Paris* en faveur des capacités; ou bien encore celui qui se sera élevé jusqu'au fauteuil académique, peut-être en infernalisant, suivant le goût du jour, le roman et le drame; ou ce membre de l'Institut qui saura différencier et intégrer l'équation d'une courbe, ou qui apprendra à son pays émerveillé, quelle a dû être la longueur des oreilles de l'animal antédiluvien dont on a retrouvé deux os sous les glaces de la Laponie; voilà certainement des gens capables qui ne peuvent pas manquer à bien diriger les affaires du pays. On pourrait dire il est vrai que dans nos milliers de lois, il n'y en a pas quatre qui eussent exigé l'application d'aucun de ces talens admirables partout ailleurs que dans l'enceinte législative; mais enfin qui peut le plus peut le moins, et certes si le simple censitaire peut voter valablement, malgré son peu de mérite, à plus forte raison ces brillantes capacités. Que dirai-je des orateurs? Une assemblée nationale ne peut assurément pas s'en passer. Quoi de plus honorable et de plus avantageux que le talent de la parole? Une proposition est faite, elle est importante; une foule de considérations s'y rattachent : vous tremblez, vous hésitez, votre conscience vous demanderait un examen long et pénible; mais l'orateur s'avance, il se pose, sa provision est faite d'avance de phrases à effet qu'il fait arriver à des intervalles convenables, puis le trait final; comment alors résister? Il a si bien parlé qu'il doit avoir bien dit; rien de mieux à faire que de le suivre aveuglément, en digne citoyen de la nation la plus intelligente du monde. Quel pauvre sénat ce dut être, que le sénat de Boston assemblé pour régénérer l'Amérique! Il n'y avait pas de poëtes, que je sache; peu d'orateurs brillans dont les discours soient restés, pas de savans connus que Francklin, qui au reste vulgarisait sa science jusqu'au bonhomme Richard, mais en revanche, force marchands ou cultivateurs. Nous aurons bien mieux que cela si l'on adjoint les capacités ! Disons sérieusement que si les lois purement civiles, et dont nous possédons déjà une assez belle collection, demandent pour être confectionnées une étude et une instruction particulière, les lois politiques peuvent sortir bonnes d'une assemblée de gens sinon illettrés, du moins non brévetés comme experts dans les lettres ou dans les sciences.

Le système des adjonctions ou de l'extension limitée est donc impuissant à faire disparaître les défectuosités du système actuel, puisqu'il est aussi monopole, il ne pourrait non plus en faire cesser les abus. Il est à croire au contraire, qu'il ne ferait qui étendre celui dont on se plaint le plus, la vénalité.

Que l'on considère ce qu'il faut aujourd'hui pour engager un individu payant 200 francs de contributions, et combien il serait plus facile de séduire le censitaire à 20 ou 30 francs par exemple. Parlera-t-on de l'interdiction des fonctions salariées ! mais elle ne peut être perpétuelle et l'on se résout bien au surnumérariat dans l'expectative d'un emploi. D'ailleurs vous ne pouvez interdire au candidat l'exercice de sa profession, et par conséquent l'avantage d'y être favorisé.

Passons à l'examen d'un autre système.

Le vote universel ne saurait être combattu sous le point de vue théorique. Quel partisan, si ardent qu'il soit du privilége, oserait aujourd'hui le soutenir, en niant le droit primordial du citoyen à prendre part, autant qu'il est en lui, à la bonne direction de la société dont il fait partie? Il est superflu de dire que, sauf le cas de force, on n'obéit plus à l'homme mais à la loi, c'est-à-dire à la volonté présumée de tous, nul ne pouvant imposer sa volonté aux autres. Il n'y a plus de religion du pouvoir; ceux qui l'ont exercé dans les derniers temps, ont comme pris soin eux-mêmes d'effacer jusqu'à la dernière illusion qui pouvait exister encore à cet égard. Le bon plaisir, car il y en aura nécessairement encore, sera obligé de prendre le masque de la popularité, de séduire les masses par les flatteries et les promesses, de les éblouir par des réputations fabriquées; en un mot, de rendre hommage par la forme aux grands principes de liberté qui se résument tous dans ce mot: obéissance à la loi seule, comme expression générale. Jusque là, point de contestation possible; le sens intime suffit à démontrer la vérité de cette maxime fondamentale qui exige ou suppose, comme on le voit, le vote universel ou un équivalent.

Mais c'est dans l'application et la réalisation du système universel, surtout dans ses conséquences probables qu'il apparaît des difficultés et des obstacles qui semblent insurmontables.

Le premier de tous, c'est l'ignorance forcée des classes inférieures, qui ne pouvant juger ni du fond des affaires, ni de la capacité de leurs représentans, encore moins de leur moralité, ne feront après tout, qu'accepter en aveugles une sorte de patronage, et n'auront plus ni personne pour elles, le droit de récrimination. La captation de leurs suffrages fournira probablement aux intrigans et aux hommes violens une majorité numérique, à l'aide de laquelle ils pourront subjuguer la partie saine et éclairée de la nation. C'est ce qu'on a toujours vu jusqu'ici, et rien ne démontre qu'on doive attendre le contraire des comices de nos jours s'ils étaient convoqués.

Une autre source de désordre et de perturbations est l'outrecuidance ou la mauvaise foi de ceux qui prétendront diriger les affaires publiques et régler l'organisation de l'état. On doit craindre de voir, dans ce cas, mettre la nation à l'épreuve de plans et de programmes peu réfléchis ou absurdes quoique présentés comme panacées merveilleuses. Dans ce nombre nous placerons l'impôt progressif et l'administration gratuite. Le premier surtout a séduit beaucoup de gens peu éclairés et d'autres capables de voir, mais qui n'ont point examiné : cédant sans réflexion à ce premier mouvement d'équité qui porte à vouloir ce qu'on croit juste et bon, tandis qu'on n'a embrassé qu'une erreur également pernicieuse à toutes les classes (21).

Quant à l'administration gratuite, nous craignons peu, il est vrai, qu'elle séduise; car comme il ne s'agit que d'une question de moralité générale, il est peu de gens assez bornés pour ne pas sentir que ceux qui l'offriraient prendraient d'une autre part plus qu'ils ne sacrifieraient, et que ce gratis-là ressemblerait à ces invitations de bon lieu où vous ne payez pas d'écot sans doute, mais où vous n'en videz pas moins indirectement votre bourse dans celle des maîtres, sans compter les pour-boire des laquais.

Un troisième inconvénient le plus grave et le plus dangereux du vote universel, c'est le défaut de contrôle des actes de l'assemblée qui en émanerait ou des mandats qu'on aurait donnés. Comment, en effet, s'élever contre des décisions qui dérivent de la volonté générale dont l'expression est par elle-même la loi? Cette autorité souveraine, qui accompagnerait la majorité ainsi constituée, étoufferait nécessairement les autres pouvoirs si quelqu'un d'eux ne finissait par la rompre violemment, ou si l'on ne trouvait un moyen d'éluder sa tyrannie : c'est dans cette circonstance que les Romains se virent forcés d'instituer la dictature qui pouvait s'exercer chez eux légalement, parce qu'elle était dans leurs mœurs, mais qui chez nous ne s'établirait que par des coups d'état et des révolutions. On a déjà vu en France le vote universel produire ces effets dès l'origine, et c'eût été bien pis encore si l'on eût adopté le mode des mandats impératifs. Les destins, a-t-on dit, et les flots sont changeans, les volontés du peuple ont une versatilité plus grande encore; pris en masse, il est, plus qu'aucune portion séparée, accessible à l'erreur et à la séduction. Les lois n'auraient donc pas de stabilité et par conséquent pas de bon effet possible ; car qui pourrait contracter avec confiance sous l'empire d'une législation éphémère dont la durée dépendrait peut-être d'une harangue.

Il est plusieurs autres dangers que présente le système du vote universel et que les bornes que nous avons posées à cet ouvrage nous interdisent de développer. Aussi bien il n'y aurait pas utilité à en dire aujourd'hui davantage non plus que des autres systèmes, puisqu'il ne s'agit pas dans l'agitation actuelle des partis de rechercher ce qui serait utile ou nuisible à la nation, mais ce qui peut servir chacun d'eux et lui faire espérer ou obtenir son triomphe. Nous l'avons dit, la masse totale en France se divise en deux portions dont l'une apathique et craintive ; l'autre active jusqu'à la turbulence : proie toute préparée de part et d'autre par l'erreur et la mauvaise foi.

De ce que nous avons dit sur les deux systèmes de réforme réclamés déjà, faut-il conclure que la loi d'élection actuelle est bonne ? Indépendamment des reproches que nous avons plus haut signalés comme lui étant faits avec raison, le crédit qu'obtient de plus en plus la demande de sa réformation suffit seul à prouver le contraire ; car malgré l'influence des partis *sur les troupeaux confiés à leurs soins*, l'opinion publique n'aurait pas manqué entièrement à la défense qui aurait pu être faite de cette loi, si elle eût présenté de ces vives lumières auxquelles la raison humaine cède toujours jusqu'à un certain point, même en se laissant entraîner d'un autre côté à une erreur plus séduisante.

Il reste donc pour caractériser notre situation à l'égard de cette grande question politique, dont toute la masse active va s'occuper plus activement que jamais, trois faits saillans et avérés :

1° Imperfection de la loi actuelle qui ne répond ni aux besoins ni aux vœux d'une grande partie de la nation ; 2° proposition de différens systèmes que l'expérience et un examen rationnel nous démontrent ne valoir pas mieux, ou même dans *l'état actuel du pays* comme plus dangereux encore que ce qu'on veut remplacer ; 3° enfin, défaut de système vrai et démontré tel qui puisse offrir une issue favorable pour échapper à ce conflit d'opinions que tendent à compliquer de plus en plus les passions ambitieuses, les préjugés politiques et la faiblesse intellectuelle des masses sur lesquelles on s'exerce.

On peut regarder comme probable, d'après cette disposition des esprits en France à s'engouer de prime àbord pour toutes les propositions qui s'appuient sur un argument dont une apparence d'équité remplace la justesse politique, que les masses seront entraînées dans le mouvement provoqué de toutes parts vers le vote universel. Il sera retardé, non évité. On passera peut-être par le système d'extension et d'adjonction pour y arriver, mais cette transition loin d'atténuer le mal en diminuant la rudesse du choc, ne fera que rendre le danger plus irrémédiable, parce qu'autant les esprits sont naturellement disposés à accepter l'extension d'un droit réel supposé utile ou nuisible, autant ils répugnent à toute restriction qui ne serait enseignée que par la raison ou l'expérience presque toujours perdue pour les peuples. Nous raisonnons hors le cas de violence, lequel coupe court à tous les argumens et déroute toutes les prévisions.

AINSI d'un côté, régis par un système mauvais puisqu'il a produit, ou au moins laissé se développer le désordre, de l'aveu même de ses partisans; d'un autre côté, entraînés vers d'autres systèmes qui ne valent pas mieux, ou présentent des dangers encore plus grands, voilà notre situation. Ne sera-ce que *le hasard*, comme on l'a dit, qui la dénouera? Il y a toujours lieu de craindre que ce hasard ne soit funeste ou mortel pour la France : ce n'est pas là sans doute le langage des partis. Ceux qui s'en font les organes nous présentent chacun leur plan particulier, comme le moyen par excellence d'arriver à l'état le plus prospère. Malheureusement les faits passés viennent contredire ces brillantes espérances : Tous les modes de gouvernement, toutes les combinaisons politiques, y compris le régime actuel, ont eu leurs analogues dans l'espace de temps qui s'est écoulé depuis 1790.

Nous ne voyons pas dans les volumineux développemens que l'on donne aujourd'hui à toutes les idées politiques, à toutes les imaginations les plus diverses, que l'on ait trouvé, pas même entrevu un moyen nouveau de gouvernement, une combinaison probable dont l'heureux effet pût être de terminer enfin nos agitations et nos troubles. Je me trompe, on avoue une forme qui n'a pas encore eu lieu nominativement, une présidence à l'instar des États-Unis, avec responsabilité ! Les partisans de ce système voudront sans doute que cette responsabilité et les fonctions en soient réglées d'une manière invariable. Bien, mais qu'est-ce qu'une règle écrite pour nous ! la règle se défend-elle toute seule ? En avons-nous jusqu'à présent observé aucune ? Sommes-nous donc tellement changés, assez réfléchis et préparés pour ne pas craindre de voir se renouveler les erreurs de la fin du XVIIIme siècle ! Quoi de plus vrai et de plus profondément senti que ce mot de Bonaparte à ceux qui réclamaient la constitution : « La constitution ! vous l'avez violée au 18 fructidor; vous l'avez violée au 22 floréal ; vous l'avez violée au 30 prairial. La constitution ! elle est invoquée par toutes les factions, et elle a été violée par toutes ; elle ne peut être pour nous un moyen de salut, parce qu'elle n'obtient plus le respect de personne.....»

Eh quoi ! pourrait-on nous dire aujourd'hui ? Vous cherchez encore un gouvernement ! Qu'avez-vous fait de tous les gouvernemens que vous avez eus ? Vous les avez attaqués ou laissé abattre tour-à-tour. Où est celui que vous deviez défendre quand il était impuissant lui-même à le faire ? Quelle est l'époque depuis votre naissance à la liberté où les nombreux adhérens du gouvernement du jour n'aient pas aidé à y faire germer, à y constituer le despotisme ; quelle est celle où les gouvernans n'aient pas eu à réprimer des complots découverts ou cachés ?

Nous sommes donc une nation ingouvernable ? Oui, mais par le défaut contraire, parce que nous nous laissons trop facilement gouverner. Je ne sais pas de meilleure expression pour peindre la manière dont les choses se passent chez nous que ce proverbe trivial : Un clou chasse l'autre. On ne nous a jamais violentés sans nous faire céder ; jamais présenté une erreur, pour peu insidieuse qu'elle fût, sans nous entraîner : non pas que dans ce dernier cas nous fussions convaincus, car nous adoptions le contraire à très-peu d'intervalle ; non pas que celui qui nous maîtrisait par la force eût abattu notre courage, car nous allions sur ses pas faire des prodiges en Italie, en Allemagne, aux bords de la Moskowa ; mais c'est que nous acceptons légèrement et quittons de même.

Nous sommes les jouets de cette exubérance de vie dont j'ai parlé plus haut et qui nous constitue dans une perpétuelle adolescence présumant tout de ses lumières et de ses forces, allant par sauts et par bonds et tombant à chaque bout de voie par erreur ou par faiblesse.

Nous aurons donc un changement dans la loi des élections : de nombreuses pétitions, comme premier acheminement, se signent sur tous les points de la France. Dès que la presse opposante s'est accordée en ce point, le mouvement a commencé. Rien qu'un coup d'état heureux (et nous avons l'exemple récent s'ils le sont !) ne peut en arrêter le cours. Le peu de force morale qui reste encore au fond de la nation après tant de secousses et de changemens aura-t-il le temps et l'aide nécessaire pour se consolider au point de pouvoir survivre après un nouveau choc éventuel et probable ? Les appuis matériels même seront-ils ménagés assez pour éviter la ruine ? Là est le doute. Nos gouvernans actuels, s'ils étaient généreux, devraient se dire : Soit que cet établissement que nous soutenons maintenant doive durer ou périr, travaillons pour la France et préparons-lui des ressources pour l'avenir qui peut se présenter terrible ; n'usons pas, dans des vues particulières, des forces qui manqueraient plus tard au bien et au salut général ; un gouvernement se doit à sa propre défense avant tout, oui, mais tout autant que les moyens d'assurer cette existence sont employés en vue du pays et ne compromettent ni son avenir ni son bien présent : en agissant d'après ces principes, donnons à notre pays un exemple qu'il n'a point encore vu. Il faudrait, pour remplir ces vœux patriotiques, se trouver peut-être dans une autre position que celle que j'ai dépeinte ; mais outre que l'impossibilité de s'en créer une autre, en abandonnant des vues étroites, n'est pas démontrée, encore vaudrait-il mieux dans toute situation suivre une pareille tendance que de chercher, d'après les conseils de la peur, des faux-fuyans qui ne font qu'appeler plus vîte le danger.

Après ce que nous venons de dire de la réforme parlementaire qui est comme l'hallali menaçant des partis de l'opposition, il faut passer en revue les embarras du juste-milieu qui lui resteraient encore, dans le cas où il échapperait à un bouleversement électoral.

En première ligne se présentent les lois devenues nécessaires, indispensables pour la répression des attaques dirigées contre le système du gouvernement par la presse et les associations ; attaques qui ont déjà déconsidéré dans une très-grande portion du public la royauté du 7 août et ses adhérens, l'administration et la magistrature judiciaire. Il est impossible d'admettre qu'un gouvernement puisse durer et s'affermir dans une pareille situation. Jusqu'ici le défaut de sanction légale a été en partie couvert et compensé par l'effet des arrestations, préventions que les opposans d'action ont pu redouter plus que les jugemens; mais une semblable pratique ne peut être prolongée au travers d'acquittemens successifs et regardés désormais comme certains. D'ailleurs la presse échappe entièrement à ce mode indirect et irrégulier de répression. Comment donc répondre à ce cri d'alarme d'un député : « La légalité actuelle nous tue » ! L'adresse de la chambre et le discours de la couronne témoignent assez qu'il a été compris et qu'on songe à refaire la législation. Or, comme on ne peut changer la loi d'attribution (qui en ce qui concerne la presse fait partie du texte même de la charte), il a fallu arriver à l'idée de réformer le jury dans un sens qui permette aux gens du roi d'espérer autant de condamnations qu'ils ont essuyé d'acquittemens, après leurs appels les plus véhémens pour la défense du trône qu'ils représentaient en péril si le jury ne sévissait pas.

Messieurs du parquet n'ont point admis que des résultats si peu conformes à leurs conclusions dussent être en grande partie attribués à eux-mêmes, tant à cause de la multiplicité énorme des poursuites que de la futilité ou du peu de fondement en preuves de la plupart de leurs accusations; leur chef n'a vu que la crainte, inspirée aux jurés par les menaces des prévenus, qui eût pu les détourner de prononcer des verdicts de culpabilité jusque dans les causes où lui-même soutenait l'accusation; aussi, a-t-il saisi l'occasion d'un discours d'apparat pour s'en plaindre et appeler de ses vœux au moins une modification des dispositions légales sur le jury. Mais quelle modification proposer qui puisse favoriser l'accusation, lorsqu'il y a à peine un an que le garde-des-sceaux actuel a porté la dernière loi qui diminue les chances de condamnation, en exigeant une majorité de plus de sept voix? Il est à croire au surplus que le rapport de cette loi ne suffirait pas pour atteindre le but désiré. L'impression contraire est trop forte et trop répandue aujourd'hui pour cela; quant au choix des jurés, il est réglé de telle façon que les garanties gouvernementales à ce sujet sont déjà l'objet des réclamations les plus vives. Que serait-ce si on s'avisait de vouloir les renforcer? On verrait dans une pareille mesure la ruine de l'institution. Il y aurait sans doute une bonne modification à faire : ce serait de composer franchement, par la voix du sort, un jury indépendant de toute crainte et de toute influence ; mais quoi ! ce serait là véritablement *le jugement du pays ;* ce serait entrer dans une voie large et décidée qui ne permettrait plus les tâtonnemens rétrogrades. On n'y entrera pas.

Quelle que soit donc la loi qui sera proposée sur cette matière, on peut dire à l'avance que le gouvernement ne sera guère plus à l'abri, si même il ne rend pas ses ennemis plus forts contre lui.

Puisque nous en sommes sur les mesures de répression, il en est une autre qu'on a qualifiée telle généralement, bien qu'elle ait été certainement demandée pour une autre prévision qu'on n'a pas cru devoir déclarer ; je veux parler des *forts détachés.* Il est certain que la plus grande partie du public, parmi les partisans même du pouvoir, n'y a vu et n'a pu y voir qu'une précaution prise contre les résistances éventuelles ou les attaques de la population de Paris, au point que sur les premiers cris jetés, on s'est hâté de déclarer que les travaux en étaient arrêtés. Et comment aurait-on pu se former une autre opinion à cet égard, lorsque toutes les apparences sont concluantes dans ce sens, et que rien ne vient les contredire, si ce n'est les dénégations ministérielles ? Pouvait-on admettre pour véritable motif la nécessité de défendre Paris dans le cas d'une invasion étrangère ? Une invasion ! Faut-il donc la craindre, quand le gouvernement déclare lui-même, non-seulement qu'il veut la paix, mais qu'il a les garanties les plus satisfaisantes de son maintien? Et puis une guerre alors qu'elle aurait lieu, amènerait-elle inévitablement une invasion ? Doit-on, dans ce cas, exposer la capitale aux tristes résultats d'une prise de force? Toutes ces considérations, et il n'en faut pas tant pour émouvoir le public sur une mesure aussi alarmante, ont dû concentrer toutes les idées sur l'inculpation de vouloir maîtriser Paris dans des intérêts purement gouvernementaux. Cependant, il y a des travaux commencés, des marchés passés, des capitaux engagés, et, par-dessus tout, la raison qu'on a pu entrevoir par ce que nous avons dit plus haut, et sur quoi nous reviendrons bientôt en développant notre situation extérieure; le projet, qui n'est que suspendu, sera donc repris, et cette reprise fera renaître des craintes réelles à côté de supposées, renouveler les cris d'alarmes et les clameurs de haro. L'opposition a monté la question si haut, qu'il ne sera pas sans danger de continuer les travaux des forts, même avec l'approbation des chambres. Ainsi, pourrait-on voir se rouvrir encore cette plaie à peine fermée des désordres de la rue que tous les partis doivent craindre et éviter aujourd'hui, car ils ont pu se convaincre que cette voie n'est pas ouverte à la raison ni au bon droit, et qu'on ne refait pas les révolutions improvisées à de courts intervalles. L'inconvénient que nous signalons serait encore grave, quand même, après avoir fait approuver les travaux, on parviendrait à les poursuivre ou avec le secours suffisant de la force, ou paisiblement et sans trouble. Quelque précipitée, en effet, qu'en puisse être la confection, ils dureront assez pour former un grief des plus accablans devant l'opinion, et cela, pendant une période de temps qui verra simultanément débattre les questions les plus fatales au maintien de l'établissement actuel.

Après la réforme parlementaire, les lois de répression et les forts détachés, la question la plus grave qui se présente est celle des besoins financiers. Nous avons vu qu'un arriéré de 400 millions était inévitable, et qu'en y appliquant le restant disponible des ressources extraordinaires, il y aurait encore plus de 200 millions à couvrir en outre des excédans annuels des dépenses qui ne peuvent être équilibrées avec les recettes. Or, l'emprunt seul pourrait encore couvrir cet arriéré; mais on sait à quelles conditions onéreuses le dernier a été contracté. Le surplus des voies extraordinaires serait d'un produit lent et douteux ; il devra d'ailleurs s'épuiser bientôt entièrement pour peu qu'on renouvelle, à côté des besoins réels, des demandes de crédits aussi peu solidement motivés qu'ils ont été libéralement ou plutôt follement accordés.

Je sais bien qu'on ne s'effraie plus aujourd'hui des votes de centaines de millions, et que lorsque M. le ministre, soi-disant responsable, semble dans son exposé se plaindre des embarras du trésor et demander grace pour son budget, il est d'aussi bonne foi que l'auteur réclamant l'indulgence du public pour son ouvrage, je sais cela ; je sais aussi qu'avec de pareilles dispositions, le mal est incurable et ne peut qu'empirer; que même avec les meilleures intentions, ce ne serait qu'à l'aide d'une grande et vraie prospérité commerciale que nous pourrions parvenir à fermer la plaie du déficit, et à établir cette balance, dans nos recettes et nos dépenses, tant promise et si désirée, dont on a jusqu'ici reculé d'année en année la difficulté sans la résoudre.

Dans quelle situation sommes-nous placés pour cette fin et pouvons-nous espérer de l'atteindre ?

Nous avons déjà signalé les pertes et la perturbation, peut-être complète, dont les revenus de l'État sont menacés par les demandes de transbordemens d'impôts d'une classe à l'autre, d'une matière certaine à une matière d'essai, c'est-à-dire l'impôt progressif et l'abolition de ceux qui frappent les objets de première nécessité. On conviendra sans doute avec nous, qu'une fois la dette publique et les services ordinaires admis au budget, on ne peut songer aujourd'hui à diminuer les ressources qui y font face. Il est donc évident pour un esprit calme et de bonne foi, que l'on ne peut aucunement espérer de réaliser ces ressources devenues indispensables, si l'on abolit un revenu certain, pour le redemander à un impôt qui, par sa nature même, manquant de base fixe, serait inapplicable en grande partie et tendrait à devenir de plus en plus improductif. Mais au malheureux qui souffre, présentez l'idée d'une amélioration à son sort, jointe à celle d'un acte de justice, il devra l'embrasser sans aucune réflexion. Comment découvrira-t-il l'erreur, lorsque des hommes honorables qui ne sont dépourvus ni d'indépendance, ni de lumière, n'ont pas été eux-mêmes plus avant? Nous ne pouvons pas nous dissimuler que nos recettes sont déjà insuffisantes, et qu'attaquées de manière à à le devenir davantage, l'essor de prospérité, dont nous parlions à l'instant, aurait encore ce déficit à combler.

Notre avenir financier se trouve aussi menacé, en même temps que notre état commercial, par la question des salaires. Il n'est point de notre sujet de traiter cette question en elle-même; elle appartient à un traité spécial de commerce et d'économie politique : nous ne devons qu'apprécier son importance et ses effets probables; nous dirons cependant que toutes les fois que la violence est introduite dans une transaction commerciale, aussi générale que celle là, il n'y a plus commerce, justice, quelles que soient les circonstances, il y a confiscation de part et d'autre. Que faut-il donc attendre de ce mouvement commencé à Lyon en 1831, et répandu depuis dans toute la France? Dans l'état de collision des partis et à cause du défaut de base de celui qui gouverne, ce mouvement, fondé sur des idées du même genre que les précédentes, peut être comprimé, non étouffé ni anéanti. Il ne cessera pas d'être aidé, soutenu, renouvelé par des hommes de bonne foi, et par ceux qui cherchent dans les questions irritantes des moyens trop faibles d'une ambitieuse popularité. Il accroîtra les embarras du commerce qui commence déjà à en ressentir d'une autre espèce, et paraît devoir redouter la même crise qui se montrait en 1829, puisque l'on est revenu aux mêmes chiffres de production et de consommation qu'à cette époque.

C'est dans de telles circonstances que se présentent les projets relatifs à des modifications de l'impôt et des tarifs de douanes; c'est alors qu'on aurait à agiter deux questions à la fois d'ordre industriel et commercial, questions malheureusement trop influencées par la raison politique. La première peut être emportée à la demande des majorités au préjudice de la richesse et du trésor public; l'autre peut être précipitée par le gouvernement dans des vues de politique extérieure et en s'appuyant, comme prétexte, sur le principe de la liberté du commerce, laquelle ne saurait être acceptée par un peuple prudent, qu'alors que les restrictions, cessant d'avoir un but raisonnable de protection pour certaines industries, ne seraient plus profitables qu'à la contrebande : c'est là le point essentiel à examiner. Cette précaution, tout en empêchant la perte, ne satisfait pourtant pas, car en toute question commerciale, le but n'est pas seulement de ne pas perdre, mais bien de gagner. Vous abaisserez donc de préférence vos barrières devant le peuple dont la balance d'importations est supérieure à la vôtre ? Vous les garderez ou ne les changerez que faiblement, et à raison seulement de circonstances particulières et impérieuses, avec la nation plus nécessitée à la consommation de vos produits, que vous à celle des siens? Nous allons pratiquer à peu près tout le contraire avec le nouveau plan de tarif qui a été proposé. L'abaissement des droits ou la levée de la prohibition de notre part, est en effet plus particulièrement favorable à l'Angleterre et, comme nous l'avons déjà remarqué, ce pays se trouve à notre égard, dans un état extrêmement inférieur d'importations réciproques. Quel serait donc notre motif raisonnable ou avantageux de sacrifier un bénéfice certain ? Faut-il croire que le gouvernement se soit laissé entraîné à ces théories absolues qui, avec une apparence de vérité dans les premiers termes, produisent dans leur application, les conséquences les plus funestes ? Nous ne pouvons le croire et d'ailleurs il s'en défend lui-même dans l'exposé des motifs de la loi : ce ne peut donc être qu'une condescendance commandée par le désir de maintenir une alliance que l'on regarde comme nécessaire ; aussi parle-t-on d'un traité de commerce, et déjà des prédicateurs de la généreuse doctrine nous ont-ils été dépêchés ; cependant l'un d'eux, au moment même où il professait les idées les plus libérales sur la matière, n'a pu s'empêcher d'émettre des réserves de restrictions éventuelles particulièrement envers la France. (22)

Quelqu'utile et bonne pour nous que soit l'alliance anglaise, sous le rapport politique, elle ne nous est pas aujourd'hui, comme elle a pu l'être, tellement nécessaire, que nous devions sacrifier à son maintien nos intérêts commerciaux et industriels, surtout lorsque l'Angleterre est, dans la nouvelle situation européenne, encore plus engagée que nous, de façon à désirer notre concours. Il y a bien plus ; dans ses relations commerciales avec nous, tout le profit probable est évidemment de son côté, et qui sait quelles peuvent être ses vues ultérieures. Le Portugal aussi a eu son traité de commerce! La position n'est pas comparable, sans doute; ce ne serait pas non plus le même but, et, pour faire moins ici, l'opération serait plus longue et plus difficile : elle serait même très-hasardeuse, mais il est des spéculateurs enhardis par tant de succès, qu'ils ne désespèrent d'aucun, surtout lorsqu'il ne leur en peut rien coûter.

Si le gouvernement se hâte dans la conclusion d'une pareille affaire avant que plusieurs législatures calmes et réfléchies aient mûri ce projet par la discussion, n'aura-t-on pas lieu de penser qu'il cède à des influences contraires à l'intérêt national? On a affecté de combattre cette sorte de rivalité aveugle et haineuse qui existe depuis tant de tems entre les deux peuples, rivalité qui se fondait plus sur des préjugés et des antipathies irréfléchies, que sur les vrais motifs qui devaient les séparer. Mais ce n'est pas de cette rivalité qu'il s'agit aujourd'hui; sans doute celle-là doit être détruite pour l'avantage des deux nations, puisqu'elle leur est également nuisible; mais celle qui a pour base l'industrie et le commerce est d'une toute autre nature. Ici l'opposition est dans les choses elles-mêmes plus que dans les idées ou les volontés; on sait à quoi nous sert positivement cette rivalité;

on ignore ou on ne peut que présumer ce que sa cessation nous apporterait, et généralement on en présume de fâcheuses conséquences d'après les exemples antérieures et la position respective des parties. Prenons bien garde d'ailleurs que si, en traitant ainsi, on se trompe, il faudra bien peu de tems, à raison de la grande proximité des deux pays, pour que notre industrie en reçoive un choc tel qu'elle ne puisse s'en relever, au moins de long-tems; encore faudrait-il, en ce cas, surmonter la difficulté de revenir sur ses pas, ce qu'on ne pourrait faire sans une rupture totale (23).

Si enfin on considère que notre état commercial et notre état financier doivent nécessairement réagir l'un sur l'autre, faudra-t-il courir les risques que nous venons d'indiquer dans la position financière où nous nous trouvons, laquelle, en recevant le contre-coup de la crise commerciale, en accélérerait à son tour les conséquences désastreuses?

Au milieu des embarras et des dangers d'une pareille situation, le gouvernement du 7 août s'avance péniblement, faisant contre fortune bon cœur, éprouvant souvent les désapointemens les plus cruels, mais qui ne donnent pas une force réelle à ses adversaires. Il laisse toujours ceux-ci s'avancer et se tient fort sur la défensive; il sait bien comment se font les révolutions, tandis qu'eux paraissent l'avoir oublié ou ne l'avoir jamais su. Quant à sa conduite, on la connaît assez sans que je la retrace ici : en un mot, c'est pitié des actes de l'un, c'est pitié des attaques des autres; et cependant le pays se voit ballotté entre trois ou quatre partis dont les divisions ensanglantent encore plusieurs localités, en troublent d'autres et nuisent à toutes, car quelle issue favorable ces prétentions opposées permettent-elles d'entrevoir pour notre avenir? Avec les conflits d'actions marchent les discussions de mots. Nous disputons aujourd'hui sur les principes de la politique, comme on disputait anciennement sur les dogmes et les doctrines de la religion; on adopte comme alors des *professions de foi* exprimées dans des *formules* tout aussi claires, tout aussi bien comprises que les *symboles* d'autrefois et soutenues avec autant de chaleur. Ce zèle est d'ailleurs d'autant plus grand, que les questions sont moins entendues; on croit généralement dans *les paroles du maître*, et ce maître lui-même ne sait pas, n'a point étudié, est très-souvent incapable de le faire avec fruit; mais il a le talent bien simple d'affirmer, de donner comme certain, d'imposer quelquefois ce qu'on appelle *une opinion;* l'énoncé seul d'une proposition est, selon lui, un argument, et il prouve son dire par son dire même. Il est ainsi suivi aveuglément par des auditeurs serviles qui, s'ils eussent eu la volonté et se fussent donné le tems d'étudier eux-mêmes, auraient vu et conclu bien mieux et plus justement que lui. Cette facilité à inféoder son intelligence, qui conduit à se livrer soi-même tout entier, est presque universellement répandue parmi tout ce qui a vie et mouvement dans cette société : de là, cette sorte d'enrégimentation dans chaque parti ; puis, au lieu de calme et d'unité, les conflits naissent ; Il faut une autorité qui mette le holà, et cette autorité ne le met pas uniquement pour le bien de ceux qu'elle morigène ; elle abuse de sa nécessité momentanée, comme au reste tout pouvoir abuse. Vous l'attaquez, vous n'en voulez plus ; il est peut-être trop tard, pourrait-on vous répondre ; vous n'êtes plus aujourd'hui ce que vous étiez au jour où vous avez appelé cette autorité : alors vous étiez réunis. Il ne faut point compter comme point de réunion cette idée de réforme parlementaire à laquelle, en désespoir de cause, vous êtes descendus à la remorque des feuilles légitimistes. Cette idée, qui aura son effet pour peu qu'elle soit soutenue, ne pourra produire que ce qui est en elle : le trouble, la désunion et par conséquent la faiblesse générale. Vous changerez peut-être de gouvernans, non certes de gouvernement ; la forme sera altérée, non même complètement changée et le fond pas du tout; et pourquoi? Parce que vous ne pouvez pas vous changer vous-mêmes, que là est le mal; parce que, de plus, vous ne pouvez pas changer le matériel même des choses, le *caput mortuum* de la société, ses bases essentielles, élémens qui, restant les mêmes, vous ramèneront toujours à peu près la même organisation. A-t-on seulement imaginé rien de nouveau et de bon sur cette matière fondamentale? Les conditions de gouvernement énumérées dans le manifeste de la Société des Droits de l'Homme diffèrent-elles en quelque chose de celles que nous avons vues en pratique jusqu'ici? Ce sont les mêmes bases avec les mêmes restrictions. Un seul point est particulier à ce prétendu système, c'est la prétention de faire du trésor public une banque générale, en telle sorte qu'il ne soit plus débiteur de la nation, mais créditeur. Cette idée, si c'en est une, n'est pas très-claire, ni son énoncé fort intelligible; mais fût-elle une vérité au lieu d'un non-sens, elle ne serait toujours qu'une modification partielle, et n'en serait pas moins accompagnée d'institutions analogues à celles qui existent, et tout comme elles sources d'abus.

Cette voie de radicalisme était donc de tout point mauvaise, et plus on lui donnera d'extension, plus on s'éloignera du possible et du vrai. Il fallait attaquer un système d'abus sur son propre terrain et l'attaquer de concert. La division a fait son salut; la république, telle qu'on l'a présentée, lui a prêté de nouvelles forces. S'il triomphe du gâchis de la réforme, qui peut fixer sa destinée et lui poser des limites? Voilà le pitoyable calcul qu'ont fait quelques ambitions avides ou mécontentes; les voilà jouant à la réforme, car elle est pour eux du hasard aussi bien que pour le gouvernement, à qui un de ses amis reprochait de n'avoir pas prévu ce coup par une dissolution. Ce n'est pas dans une pareille situation que l'on peut esquiver ainsi une question vitale. Le dessein marqué de la fuir, n'eût fait certainement que l'avancer dans l'opinion : on ne pouvait que la combattre ou la subir, et pour cela il fallait l'attendre. Jusque là on a bien fait; maintenant comment la combattra-t-on ou comment la subira-t-on sans un risque mortel? L'un et l'autre paraissent plus que difficile avec un système engrèné d'une si malheureuse façon : déjà un grand nombre de ses adhérens, de ses créateurs même l'ont abandonné et publiquement désavoué; il n'est pas un d'eux, sans doute, qui n'ait eu un sujet personnel de mécontentement, et de ce côté leur démarche perd beaucoup de son importance aux yeux des gens réfléchis et sans passion, mais de ceux-ci combien en est-il? Le gros du public ne voit que les griefs qu'ils présentent et qui d'ailleurs sont presque tous fondés : il s'embarrassera fort peu de rechercher le motif de l'animosité et du ressentiment qu'une dissimulation forcée ne fait que doubler en les concentrant ; l'effet produit est donc entièrement au désavantage du gouvernement. Faute envers la nation et envers lui-même ; tendance aveugle sinon coupable vers un régime réprouvé ; ingratitude envers ses amis d'origine : voilà ce que ne cessent de lui reprocher ces Coriolans. Celui-ci a *perdu sa fortune*, celui-là sa *juste influence*, un troisième a vu sa *vertu* méconnue et peut-être jouée ; un dernier a bien inutilement prodigué les *avis* que lui dictait sa tendre sollicitude. Je veux qu'on ait eu ses raisons pour abandonner, pour repousser *ces puissans soutiens :* quels autres a-t-on choisis ? De ces derniers, à peine en est-il un qui ne soit aujourd'hui impopulaire s'il ne l'a toujours été. La haine, le mépris, l'injure, accompagnent leurs noms dans une foule de discours ou d'écrits. Pas d'autres voix que les leurs pour les défendre ; ils restent néanmoins, ils persistent quand leurs ennemis, quand leurs rivaux ont déjà sonné la retraite. Qu'est-ce donc que cette confiance ou que cette soif délirante de gouverner ? Comment l'expliquerez-vous autrement que par la désunion de leurs adversaires ? Faut-il leur attribuer une habileté qui vous est supérieure ou une force qui vous subjugue et vous réduit à l'impuissance, ou enfin devra-t-on conclure que la nation, la grande masse prend aujourd'hui moins d'intérêt aux débats des partis et les laisse volontiers où ils sont, eux en haut, vous en bas, parce que cela se trouve ainsi, redoutant un changement, mais peu disposée à l'empêcher, encore moins à le provoquer?

Je pense que toutes ces causes réunies ont contribué au résultat que nous voyons. Le gouvernement du 7 août a eu beau faire des fautes, ses adversaires l'ont aidé à s'en relever en en faisant eux-mêmes de plus grandes : ils ont fait un appel à la force, quand ils n'avaient pas la force. Ils ont atténué les griefs les plus forts, les argumens les plus accablans, en avançant des assertions qui tombaient devant les faits, en émettant des doctrines dont, à défaut de lumières, l'expérience et le sens intime suffiraient pour faire justice, surtout en dirigeant leurs attaques d'une manière si peu entendue, si peu uniforme et presque toujours si outrée, que ce grand écho de la France, qui assure le succès, n'a pas répondu à leur voix. Tout le fruit de leurs efforts jusqu'ici, a été de déconsidérer à la fois le gouvernement et eux-mêmes aux yeux de cette partie de la nation dont nous parlions à l'instant : voilà ce qu'ils devraient voir au lieu de ne faire porter le blâme de cette position que « sur la *royauté citoyenne* qui commence, disent-ils, à se redresser, à jeter sa béquille, comme Sixte-Quint, et qui écarte soigneusement les hommes qui ont trempé dans la révolution, surtout ceux qui sont suspects de fidélité à cette cause. » La royauté citoyenne fait son rôle de royauté; que n'ont-ils mieux fait le leur? placés dans une position bien plus avantageuse pour agir sur l'opinion.

On peut dire que tous les partis et nuances de partis se sont placés, par leurs manifestations ou leurs actes, le plus loin possible du but à désirer pour tout français, celui de réunir la plus grande partie de la nation dans un système, un, clair et qu'on pût réaliser.

Nous avons vu que le parti, maintenant au pouvoir, s'était créé des embarras insurmontables et avait donné lieu à des griefs qu'il ne peut lever, à des plaintes, à des attaques qui ne peuvent plus être écartées ni réprimées; vainement essaie-t-il, dans cette fin de législature où il est acculé, de présenter des lois qu'il donne comme devant remplir les promesses faites par la charte: loin d'y attacher une grande importance, on ne daigne pas même y porter une attention secondaire, et les débats s'en feraient à huis-clos, qu'ils n'auraient pas un plus faible retentissement au dehors de l'enceinte législative. Son renversement est ouvertement demandé par tous les partis : il n'a de chance de conservation que dans la division de ses ennemis, et d'appui réel que dans la force.

Voyons les partis opposans :

La république renouvelée de 93. La seule idée qui soit à elle, est ce paradoxe social de l'amélioration matérielle de la condition des masses, par une limitation du droit de propriété. Cette idée se résume ainsi dans sa forme la plus spécieuse : *Subordonner le droit de posséder au droit d'exister.* C'est créer une loi somptuaire d'une extension illimitée, c'est, en suivant les conséquences logiques, *abolir la propriété;* car où sera le point d'arrêt dans une pareille voie, puisque si on conserve une partie quelconque de ce droit, le prix vénal des biens changera nécessairement de façon à rétablir les mêmes valeurs réelles sous des valeurs nominales différentes, c'est-à-dire que le rapport de vileté ou de recherche des objets en commerce restera le même. C'est ce rapport qu'il faudrait pouvoir changer ou détruire, pour parvenir à subordonner le droit de posséder au droit d'exister ; or, la chose n'est guère possible. C'est là ce que n'ont pas vu ceux qui demandaient la loi agraire dans Rome ancienne; l'auteur de Télémaque qui a voulu faire de la politique avec des sentimens; M. de Robespierre qui proposait à la Convention d'universaliser la jouissance du nécessaire, en frappant l'abus et l'exception du superflu; Babœuf qui voulait constituer l'État seul propriétaire ; enfin de nos jours les Saint-Simoniens qui prétendaient rémunérer chacun selon ses œuvres et sa capacité : tous ces systèmes reviennent à ce point unique et inévitable, l'abolition en tout ou en partie de la propriété, et par là de toute organisation sociale même dans son premier élément, la famille.

La république à l'instar des États-Unis. Son principe fondamental est l'élection périodique et la responsabilité du pouvoir exécutif, c'est-à-dire, en admettant sa mise en pratique, qu'il n'y aurait pas de pouvoir exécutif réel ou qu'il y aurait tyrannie. Que l'on comprenne, si l'on peut, cette responsabilité tant vantée, je ne dis pas d'après ce que nous avons vu en France, mais d'après ce qui se passe en Amérique, et que nous dévoilent les messages adressés récemment au sénat, par le président *Jackson*, et au congrès, par le gouverneur de la Caroline (24). Voici au reste comment ses organes en France annoncent leurs vues et leurs espérances : « Chez une nation en progrès, dont les besoins sont de nature à changer ou à se modifier, il n'y a qu'un moyen de les satisfaire pacifiquement par voie légale et sans révolution. *Ce moyen c'est le système électif réel et complet, qui successivement portera à la tête des affaires les repré-*

sentans des besoins de l'époque. Pour mettre fin aux révolutions, pour les rendre impossibles un jour, il faut qu'un nouveau système puisse, par l'élection, remplacer paisiblement celui qui a fait son temps ». Un pareil énoncé n'a pas besoin de commentaire, lorsque d'ailleurs on ne développe aucune preuve d'application du système : ce parti est le moins nombreux et ne se compte pas encore lui-même.

L'opposition dynastique, royalistes de forme. Il est pour ainsi dire impossible de déterminer les vues précises, les idées politiques de ce parti ; énonciation en termes généraux des meilleures intentions, tout se réduit là : « Il s'agit de savoir seulement, disent ses organes, si nous aurons le gouvernement représentatif dans sa sincérité, si nous conserverons, en les développant, les institutions déjà sauvées une fois en 1830, *si les intérêts des masses l'emporteront enfin sur les intérêts privilégiés*, ou bien si nous nous laisserons ramener, comme une troupe de fuyards, au régime de la restauration que nous avons vaincue.

« Il y a certes beaucoup de gens qui prendraient leur parti dans cette honteuse déroute; il y en a même quelques uns prêts à en donner le signal. Mais, si la nation s'arrête, ce n'est pas qu'elle hésite comme on le croit, c'est que pour marcher en avant, elle sent le besoin de rallier ses forces. *Ce mouvement sera régulier, majestueux, paisible, pourvu qu'il ne rencontre pas de trop vives résistances.* Que les électeurs, à défaut du gouvernement et des chambres, aient la sagesse de céder à temps pour le diriger. Les révolutions qu'ils redoutent avec raison ne sont pas devant nous, elles sont derrière. Point d'arbitraire dans les lois, point d'exécutions injustes, ni de charges trop pesantes pour la classe la plus nombreuse, point de retour au régime déchu : la sécurité de tous est à ce prix. » Tout cela est bien, mais où sont les moyens d'exécution et les élémens de réussite ? Dans cette ligne de désirs et d'incertitude est sans doute le plus grand nombre, mais que fait le nombre sans direction et sans force ?

Le tiers parti. C'est toujours le juste-milieu sauf deux ou trois reculades. On a pensé déjà à s'en servir comme moyen de transition : on y pense encore; seulement pour se servir d'une transition il faut savoir où elle mène et y aller : En sommes-nous là ? La prochaine législature nous l'apprendra peut-être.

Enfin, il est un dernier parti qui se présente aussi au grand jour, un peu à l'étonnement des autres, c'est celui qui est parvenu à ne se faire désigner que sous le nom de *légitimiste.* Il promet la guérison de tous nos maux et ne demande pour cela que le rétablissement de la dynastie de la branche aînée, l'administration locale décentralisée, et une représentation à plusieurs degrés et sans restriction; toutes choses allant évidemment au même but. Il peut espérer dans le mouvement de réforme, si elle s'opère, d'obtenir une partie de sa troisième condition. Nous croyons qu'il y a encore bien loin de là à la première. Quand ce parti aura des organes dans la chambre, la position sera d'autant plus compliquée.

Telle est dans ses détails notre situation intérieure; malaise, divisions, incertitudes.

Rien ne prouve mieux la profonde division des partis, que leurs mouvemens contraires au commencement de cette session. L'opposition et le tiers-parti un moment rapprochés avaient réussi, sans s'en vanter, à introduire dans l'adresse au roi un léger amendement en faveur de la Pologne. Ce premier acte de leur union suivi de quelques pourparlers les avait amenés enfin à manifester dans leurs journaux, leur tendance à une véritable union fondée sur *l'estime* mutuelle qu'ils se portaient. Grande alarme au ministère : le journal qui peut passer pour son orateur, invective aussitôt ses ennemis et une majorité versatile. Tout est perdu si le ministère ne vient défier bravement ses adversaires à la tribune où il est *sûr de vaincre*, et si la portion mobile de la majorité ne se rallie au drapeau du 13 mars et du 11 octobre.

l'appel est entendu ; une interpellation au Ministre de la guerre, une pétition en faveur de quelques *Polonais* donnent lieu, malgré leur importance secondaire, à un vote solennel : le tiers parti se rallie, voilà une victoire et une défaite. Le milieu se rit à la fois du parti mobile qu'il avait injurié déjà, et de l'opposition qu'il injurie maintenant ; l'opposition se moque à son tour du tiers-parti, et quant au milieu son vainqueur, elle en appelle au souvenir de 1830, où la France, dit-elle, perdant un reste d'illusion, « s'aperçut enfin que ce n'était pas aux ministres seulement qu'il fallait s'attaquer, mais à Charles x. » Une pareille menace n'avait point encore été proférée par l'opposition, même alors que le ministère l'accusait d'une alliance tacite avec le parti républicain.

Qu'adviendra-t-il de tous ces conflits partiels dans un pays où l'espoir et la crainte également irréfléchis poussent une partie de la population en sens inverse de l'autre ? Là il n'y a que deux partis, celui du mouvement et celui du repos ; mais chacun d'eux est influencé diversement. Si l'idée d'une réforme parlementaire se réalise par une grande extension des droits politiques, y aura-t-il moins de divisions, moins de complications ? Les vœux et les suffrages se réunissent-ils, quand ils sont sollicités vers quatre ou cinq systèmes de gouvernement, y compris celui qui existe ?

On voit bien des aspirans au pouvoir, aucun ne paraît pouvoir ni le fixer en présence des autres, ni le diriger d'une manière sûre et déterminée; ceux qui le tiennent, après avoir provoqué les cris de haine et de guerre, jettent aujourd'hui celui d'alarme. *L'homme ou le parti qui aurait la puissance de former et de conduire l'opinion publique*, voilà ce qui nous manque aujourd'hui.

On peut juger quelle influence un pareil état intérieur aurait et doit avoir sur nos affaires du dehors, et s'il est possible qu'ainsi constitués au dedans nous reprenions en Europe l'attitude qui nous convient.

Revenons maintenant sur notre situation extérieure.

Il en a été dit assez dans la première partie de cet ouvrage pour comprendre comment la révolution de juillet, suivie de l'établissement du 7 août, a trouvé un appui dans l'Angleterre, sous un ministère Wellington! Cette dernière circonstance suffirait pour faire voir que ce n'est point par sympathie et conformité de principes que notre voisine a tenu cette fois, à notre égard, une conduite si différente que lors de notre première révolution Il est vrai qu'elle n'avait plus à dépenser des milliards (25) pour s'y opposer, mais de là ne pouvait naître qu'une moindre action ou qu'une neutralité entière, si d'autres intérêts plus puissans ne lui eussent commandé de rechercher notre alliance. La France n'était plus sa rivale comme jadis. Tout avait été consommé pour longtemps entre les deux peuples par les désastres et la chute de l'Empire. Ne pouvant plus nuire, nous pouvions servir puissamment et servir gratis dans une nouvelle rivalité tout aussi majeure, tout aussi dangereuse pour l'Angleterre que celle qui l'avait rendue pendant tant d'années notre ennemie capitale. Déjà sous Charles X quelques tentatives avaient été faites pour en venir à ce but; les principes de politique intérieure n'y eussent certainement fait aucun obstacle si le caractère de ce prince et des engagemens contraires (26) eussent permis une rupture éventuelle avec le continent, rupture dont au reste il n'aurait pu être trouvé au besoin le moindre prétexte. Il en fut tout autrement après l'accomplissement des événemens de 1830. La voie était parée à un grand mouvement occidental; la scission européenne devait, pour ainsi dire, s'opérer d'elle même. Cette scission ne saurait être plus marquée qu'elle ne l'est aujourd'hui ; on peut compter les forces opposées, et quant aux dispositions hostiles elles sont plus évidentes que s'il y avait guerre active, car il y a *paix armée*. De plus, la guerre active est suivie tôt ou tard d'un dénouement pacifique, au lieu que la paix armée laisse toujours la question en suspens, nécessite même la guerre à la longue et en entretient merveilleusement les dispositions jusqu'au jour où les circonstances en détermineraient l'explosion.

Cette explosion, chacun l'a redoutée et avec raison, car tous pouvaient y perdre : il n'en sera pas toujours ainsi. La situation intérieure de la France y influera nécessairement dès qu'elle sera fixée dans un sens ou dans l'autre. Le système actuel sera-t-il continué ? le conflit n'en est pas moins inévitable ; un mouvement plus marqué succédera-t-il ? le même résultat aura lieu plus prompt seulement et moins sûr, car le trouble intérieur étant augmenté, l'action extérieure en sera d'autant plus mal soutenue.

Ah ! sans doute si nous avions ce qui nous manque et que nous indiquions tout-à-l'heure en terminant le tableau de notre situation intérieure, si un gouvernement quelconque réunissait la généralité des suffrages actifs, la position extérieure changerait à l'instant, et les questions européennes se videraient de gré ou de force. Il y a mieux : dans cette hypothèse, nous pourrions ne consulter, dans notre attitude et dans nos entreprises, que notre intérêt direct; nous pourrions agir encore dans toute notre indépendance de nation et opérer d'une manière stable d'aussi grandes choses que celles qui nous ont été arrachées par la destinée.

Mais il faut raisonner sur les faits existans, non sur des hypothèses et des éventualités plus que douteuses. Nous avons vu que notre situation intérieure ne nous offrait rien de fixe et de rassurant, pas plus dans le *statu quo* que dans ses modifications probables. Dans cette position, il est évident que pour nos relations extérieures l'alliance politique de l'Angleterre nous est profitable réciproquement. Quoique toujours secondaire, notre rôle est cependant infiniment plus important qu'il ne l'avait été auparavant, et doit le devenir bien davantage s'il est convenablement soutenu, car nous sommes devenus, non pas seulement auxiliaire utile, mais allié nécessaire; c'est un point qui ne devrait pas être oublié et dont la considération habilement ménagée peut nous conduire à des résultats avantageux.

Descendons, sous ce point de vue général, dans l'examen des différentes questions qui ont surgi depuis notre changement d'état politique.

La question belge est la plus ancienne de toutes celles qui, depuis la révolution de juillet, ont successivement occupé les cabinets de l'Europe et encore plus les peuples. Là furent brisés, par le fait, ces traités de 1815, où la ligue du Nord avait entendu poser pour long-tems les bases d'un nouveau droit des nations européennes; en conséquence, il semblait que cette violation devait soulever contre elle les puissances signataires du traité de Vienne. Il n'en fut rien, comme on sait; les espérances et les craintes conçues à ce sujet en France et ailleurs, furent également trompées. Quelle en put être la raison et comment expliquer une conduite que personne n'avait prévu! Faut-il se contenter de cet amour subit et général de la paix, de ce respect pour la tranquillité des peuples, de cette vertueuse horreur de la guerre, seul motif mis en avant? Mais outre qu'on peut douter de cette sagesse insigne de princes si peu disposés à la tolérance, et qui depuis ont armé extraordinairement, n'étaient-ils pas liés par le traité même à en maintenir ou réclamer l'exécution? S'ils ne le firent pas, ils avaient donc d'autres motifs. Ils pensèrent sans doute que tout devait se borner là, et qu'en laissant faire sur ce point éloigné un mouvement qui au reste ne devait avoir rien de décidé (on l'a assez vu), ils n'en seraient que plus libres, de leur côté, d'agir dans leurs projets déjà avancés d'agrandissement. Quant au danger de voir l'esprit de révolution se propager jusque chez eux, il n'était qu'indirect; de plus, ils voyaient en France le 7 août établi, et ils avaient des assurances positives qu'il en serait agi *sagement* avec la Belgique. On s'occupa donc des conférences pour éviter de s'occuper d'autre chose, et l'on accepta le principe de non-intervention qui n'empêcha pas la France d'intervenir en Belgique, toujours sans que le bon accord fût rompu. L'Angleterre était là, et l'on pensait ne pas avoir à redouter d'autres suites. Le fond de l'affaire belge dont, en ne la voyant que dans ses apparences, il devenait ridicule qu'un congrès européen s'occupât si longuement, ne put être compris qu'après l'insurrection polonaise et surtout après l'invasion du Portugal.

Cette question aujourd'hui est sur le point d'être terminée, et l'on peut dire oubliée. Elle n'est et n'a été réellement importante que par l'adjonction de celles qui l'ont suivie.

L'INSURRECTION de Pologne frappait au cœur le chef lui-même de la Sainte-Alliance. Nul doute que si elle eût été prévue par les trois souverains, les plus grands efforts ne leur eussent pas coûté pour la prévenir, et que le système diplomatique n'eût pas suivi la révolution française de manière à laisser le tems d'organiser une forte armée et de consolider la révolution belge. Il est vrai que l'Angleterre n'eût pas été de leur côté avec ses 118 millions de livres sterling comme en 1813, ou ses 102 en 1815, dont elle a encore à recouvrer d'eux une partie et notamment de la Prusse un fort reliquat; mais enfin ils ne se fussent pas bornés à l'inaction complète où ils sont restés. On peut dire que le soulèvement de la Pologne les prit au dépourvu, et quelle que vive alerte qu'il leur donna, la position déjà prise dut être en partie gardée sauf les armemens. La Prusse et l'Autriche n'intervinrent pas ostensiblement; la Russie employa ce qu'elle avait de forces et d'influence au sein de ce pays si long-tems travaillé par elle; enfin, après une lutte sanglante, elle parvint à reprendre *ses droits* sur la Pologne écrasée, et à faire *régner l'ordre* à Varsovie. Cependant l'Angleterre et la France, malgré des assurances hautement données et ce mot trop fameux, « *la nationalité de la Pologne ne périra pas* », ne s'opposèrent pas plus à l'anéantissement de la révolution de la Pologne que les trois souverains ne s'étaient opposés à l'affermissement de la révolution belge. En ne voyant comme on l'a fait, dans ces questions, que la lutte de ce qu'on nomme les principales, il est impossible d'expliquer les motifs qui ont pu ainsi intervertir les rôles.

La Pologne était enclave des trois puissances au lieu d'être, comme la Belgique, limitrophe de la France. Son soulèvement, difficile à soutenir sans risquer beaucoup, était utile dans tous les cas abandonné à lui-même. S'il réussissait, il avançait de moitié les desseins ultérieurs, et ne réussissant pas, il ne laissait pas de les favoriser par diversion. La Russie s'en trouvait d'autant affaiblie et contenue. En attendant, les positions étaient gardées, les forces conservées pour des circonstances plus décisives ; les deux ligues opposées allaient continuer leurs plans respectifs.

Je ne dirai rien des prétendues protestations et notes diplomatiques adressées au cabinet de Saint-Pétersbourg sur ce fait consommé. Elles n'ont eu sans doute pour but que de donner, aux gouvernemens qui les ont faites, l'apparence de céder aux vœux de leurs peuples en faveur des malheureux Polonais. Hors de là, elles étaient complètement inutiles aussi bien que celles qui furent faites dans le siècle dernier lors du démembrement. Il y a de plus ici les difficultés qui doivent naître de la politique ambiguë que suivent les deux gouvernemens, politique qui semble ne les mener à aucun but certain et déclaré ; dont le succès n'est rien moins qu'assuré si l'on ne considère que l'issue qu'elle a eue dans les conflits graves où elle était intéressée.

L'abandon de la Pologne est devenu l'un des griefs les plus forts qu'on ait élevés contre le gouvernement du juste-milieu, ou du moins l'un des plus embarrassans. D'un côté la sympathie populaire se montre vivement en leur faveur tandis que de l'autre le gouvernement se voit forcé, par l'exigence de sa position, à prendre, à l'égard d'un grand nombre d'entre eux, des mesures qui répugnent à l'esprit d'hospitalité française. Le ministère a même vu la chambre insérer, dans l'adresse de cette année, un amendement qui rappelait l'intérêt que cette nation a fait naître.

. . . .

Pendant que la Pologne mourait une fois encore, en résistant seule aux hordes Russes, on annonçait à Paris son triomphe. Au milieu des rangs pressés de la garde nationale, on voyait, à côté du Roi des Français, Don Pedro, ex-empereur du Brésil, qui peu après devait aller, suivi d'une poignée d'aventuriers, arracher à Don Miguel, son frère, cette capitale témoin de tant d'actes de barbarie, de persécutions atroces, et aujourd'hui d'ordres les plus bizarres et les plus absolus intimés par un prince qui se dit constitutionnel. Cette lutte armée ne se termine pas davantage que la guerre diplomatique de la Belgique et de la Hollande : les mêmes influences sont en présence. Mais au moins la France ne fait pas ici de sacrifices apparens. Elle ne peut y avoir qu'un intérêt indirect, je n'entends pas celui qu'on a signalé d'y implanter un rejeton de la dynastie actuelle, mais bien de voir s'augmenter le nombre des pays où régneraient des institutions rapprochées des siennes. Quant au commerce, nous ne devons pas y songer après l'Angleterre, lorsque nous ne savons pas acquérir de l'influence là même où nous enfouissons une portion du produit de nos impôts si lourdement supportés.

L'ORDRE des événemens appelait ici la question d'Orient ; mais en rapprochant de l'invasion du Portugal la *révolution royale espagnole*, nous complétons le coup d'œil des effets de ce système politique qui étend maintenant son action d'Anvers à Cadix. Si l'Angleterre a favorisé le mouvement portugais, nul doute que la France n'ait produit le changement opéré en Espagne. Ici encore rien de fini, rien de décidé, pas plus, moins peut-être qu'en Portugal : cependant l'impulsion donnée ne paraît pas pouvoir être détruite. Ce serait une illusion de le penser lorsqu'aucun secours étranger ne peut venir prêter aide aux opposans trop forts pour être facilement réduits, trop faibles pour triompher.

L'intérêt de la France devrait être direct dans cette question, car le pays est limitrophe ; mais il faudrait qu'elle pût agir avec cette indépendance que nous avons déjà caractérisée, non pas pour y reprendre les erremens de l'Empire, mais pour nouer une alliance plus loyale et plus utile qu'une invasion.

En ce moment la situation du gouvernement espagnol vient d'être singulièrement modifiée par le renvoi du ministère du *despotimo illustrado*, et le rappel aux affaires des constitutionnels de 1820. Ceux-ci sont encore du juste-milieu pour l'Espagne, car le parti carliste est assez nombreux et les mœurs générales assez opposées aux institutions libérales, pour qu'une action vive dans ce dernier sens en soit toujours amortie et ne puisse dégénérer en extrême. Le nouveau ministère espagnol devra chercher un appui dans de nouvelles cortès convoquées par *fueros* ou par *estamentos*, sans destination ou par ordres. Cette dernière façon sera sans doute adoptée pour ne pas effrayer les gros intéressés ; mais enfin il faudra bien en venir au but où tendent depuis longtemps les nécessités de position et les nouveaux besoins du pays, c'est-à-dire, une réforme civile, politique et financière, en un mot à une révolution ; car dans l'état actuel le clergé et la noblesse y font obstacle comme ils le fesaient en France en 1789. Le bon plaisir est mort de l'autre côté des Pyrénées avec le ministère qui vient de finir. Il y a encore bien du chemin à faire. L'Espagne a notre exemple pour éviter de grandes fautes. Je n'ose pas dire qu'elle aura nos conseils.

L'ESPRIT de civilisation ou plutôt celui de régénération de l'administration et de la guerre a saisi dans notre siècle deux têtes musulmanes, le sultan des Turcs et le vice-roi d'Égypte plus sultan aujourd'hui que son *maître*. Ce dernier s'y est pris de longue main; ayant de moindres obstacles à surmonter, il y a employé plus de génie et plus de soins : l'autre a tout brusqué, disloqué et gâté tout. L'Égyptien est le plus puissant monarque du Levant; son *maître* n'est plus qu'un *protégé* de la Russie, un Poniatowsky en turban. Il est inutile de redire des événemens si récens, seulement je rappellerai le souvenir de la conduite du cabinet turc depuis l'époque de sa dernière guerre contre les Russes : on peut voir dans l'issue de cette guerre et dans la résistance soutenue du divan à toutes les tentatives d'impulsion européenne, la cause de la position actuelle de la Turquie. Elle était au midi, par rapport à la Russie, ce que la Pologne était à l'ouest, mais dans une position plus favorable pour trouver des appuis immédiats. Aucune action, aucune direction ne put avoir lieu en ce sens. La France alors tout entière sous l'influence russe, en fut le plus puissant auxiliaire contre la Porte. Aussi prêtait-elle des secours à l'insurrection grecque ; et par le combat de Navarin, tant célébré ici par les libéraux eux-mêmes, elle ôtait à la Turquie les moyens de s'opposer aux opérations des russes sur la mer noire. On conçoit moins facilement le dédit qui depuis arrêta les efforts de notre ambassadeur près du divan pendant la guerre de Pologne, et en tout, dans ces affaires d'Orient, la conduite de l'Angleterre serait bien plus inexplicable, si on ne lui supposait des desseins ultérieurs.

L'empire turc, encore tout meurtri et inanimé de sa lutte avec son puissant voisin, fut attaqué et près d'être envahi par son tributaire : son chef, après quelques hésitations, persistant dans le rejet des protections lointaines se jette dans les bras de son ennemi chrétien pour se garantir de son ennemi musulman, c'est-à-dire qu'il abdique le croissant et quitte la scène où va figurer pour lui *son protecteur*. La Porte oubliait ainsi que le danger qu'elle a voulu éviter avait été suscité dans l'origine par son nouvel allié, et que de lui sont venus tous les soulèvemens dont elle a vu son pouvoir ébranlé et plustard anéanti. Ce qu'il y a de certain c'est que la Russie défendra le terrain comme le sien propre; qu'elle ne l'abandonnera pas, enfin qu'il n'y aura bientôt plus de Turquie, à moins qu'une seconde expédition de l'Égypte ne vienne achever ce que la dernière a tant avancé.

Remarquons que dans cette affaire la France a dépensé de grands frais d'armemens pour être complètement effacée des deux parts en ce qui pouvait toucher à ses intérêts présens et futurs. Il ne lui est pas même permis de prendre une position dans tout cet archipel, et sa flotte ne peut trouver d'abri que dans ses propres ports. Cependant, s'il y a quelque démonstration à faire, quelque chose de pénible ou d'onéreux à supporter, nous sommes toujours mis en avant; c'est nous dont les protestations apparaissent à l'occasion du traité de la Porte et de la Russie, alarmant pour l'Angleterre; c'est à nous que le cabinet de Saint-Pétersbourg renvoie mot à mot, comme une lettre non décachetée, la seule expression énergique proférée à ce sujet (27).

S'il est concevable que nous nous intéressions dans le mouvement occidental qui se fait près de nous, soit dans des vues de consolidation de principes, soit dans des vues plus positives, plus substantielles, il ne l'est pas autant, peut-être, que nous allions dans le

Levant continuer notre même rôle. Veut-on cependant que, par suite de notre nouvelle alliance, nous aidions à cette affaire d'Orient, comme pouvant faire une utile diversion pour des opérations ultérieures sur un point opposé? Soit; mais dans un but aussi indirect, nous ne devrions pas y contribuer autant que les intéressés directs. A chacun sa tâche : pourquoi nous chargerions-nous toujours de celle des autres?

Aujourd'hui l'affaire d'Orient en est au point du traité de *protection* de la Porte par la Russie. Il semble impossible, au premier coup-d'œil, de considérer un pareil état autrement que comme une invasion dissimulée et un véritable anéantissement de l'empire ottoman. Le retrait des flottes française et anglaise et la non exécution des armemens annoncés, en paraît être l'humiliante concession, surtout après le fait récent de la rétractation, du ministre des affaires étrangères de France, de l'adhésion qu'il avait donnée la veille aux insinuations hostiles, quoiqu'assez ambiguës, du député qui sert comme d'oracle en ces matières. Telle est au moins la couleur sous laquelle ces faits patens sont considérés du côté de l'opposition. On sent que de l'autre le gouvernement ne peut ni avouer ni contredire par une explication franche. C'est une position où l'on se trouve forcément en diplomatie et de laquelle on ne peut guère rien inférer. Comment, en effet, faire sans danger des déclarations publiques, soit de faiblesses et de concessions forcées, soit de conventions qui tomberaient par le fait même de leur publication, comme par exemple des garanties dans le genre de celles que la France a pu donner relativement à la Belgique; encore ce ne serait pas là tout, car, pour faire croire à ces stipulations, il faudrait en même temps dévoiler les intentions dans lesquelles on les a consenties et qui doivent être un secret même pour ceux avec qui l'on traite, ainsi que de leur laisser supporter les frais de ce qu'ils ambitionnent, et que l'on serait obligé de faire soi-même sans plus de résultats. La France est tombée bien souvent dans ce piége. Quoi qu'il en soit, le *statu quo*, qui maintenant s'empare de tout, s'est aussi étendu sur ce point, et l'Autriche est complètement rassurée sur ce point.

Quels que soient les motifs qui aient déterminé le ministère du 13 mars, ou l'aient poussé à tenter le coup hardi qui nous a mis le pied en Italie par l'occupation d'Ancône, et sans répéter les reproches produits contre le gouvernement, à raison de la conduite qu'il y a tenue et que l'on a qualifiée, avec quelque raison peut-être, d'aide et d'assistance à l'intervention autrichienne et au despotisme papal, on doit reconnaître que le fait en lui-même et son maintien sont pour la France avantageux et honorables. S'il se continue, ce qui est vraisemblable, nous aurons, en tout état de choses, une position pour déjouer des projets hostiles qui menaçaient, dans cette direction, de s'étendre jusqu'aux frontières de France. C'est encore là une de ces concessions accordées à contre-cœur que pourtant se sont faites, sans murmurer, les deux grands partis européens, afin d'empêcher ou de retarder une rupture générale.

Sans les démonstrations trop contraires de notre gouvernement, on pourrait espérer aussi que cette position nous servirait à tourner en notre faveur les dispositions bien connues et toujours persistantes des peuples d'Italie; non-seulement une telle direction n'a pas été ménagée, mais on s'est à peu près interdit les chances de la reprendre, bien que, comme nous l'avons assez vu, les contraires puissent être soutenus par les mêmes hommes en divers lieux ou en divers temps.

La médiation française, dans les derniers mouvemens de la Suisse, a eu les mêmes motifs et le même but. Plus importante et plus efficace que l'occupation d'Ancône pour le triomphe des principes libéraux, elle en est bien loin pour les résultats d'action dans le cas d'une lutte. Elle ne nous donne que peu ou point d'influence réelle, tandis que la Prusse a une voix dans la confédération dont elle fait pour ainsi dire partie, et que l'Autriche tient sous la main les cantons limitrophes de l'Est. D'ailleurs, la Suisse n'offre ni une alliance active ni un rempart contre une agression lointaine. Elle s'est toujours dite neutre; cela ne voulait pas dire qu'elle n'était à personne; les faits ont démontré qu'elle était à tout le monde, le cas échéant. De ce côté, malgré le bruit qu'on en a fait, il n'y a pas eu gain réel et succès pour le système.

Y en a-t-il eu davantage dans les mouvemens manqués de divers états de la confédération allemande? Là on n'a point agi ostensiblement, bien que l'envahissement commercial de la Prusse, par son système de douanes, eût dû être un motif d'intervenir diplomatiquement (puisque la diplomatie est à l'ordre du jour), mais aussi énergiquement et avec fruit. Rien n'a paru tenté en ce sens, et l'on ne connaît qu'un traité de commerce avec le Hanau. Ce n'est pas par nous que les travaux de la diète ont été nuls ou mal dirigés, et nous ne pourrons rien non plus contre ce que les cabinets réunis à Vienne vont, en attendant, essayer sur cette confédération. Heureusement la force des choses s'oppose, mieux que ne le feraient nos efforts mal dirigés, à ce que ces états intermédiaires soient anéantis ou infondus sous les deux grandes dominations du centre de l'Europe. Les avances faites par la Prusse à plusieurs d'entre eux ont été complètement perdues, puisque cette puissance en est aux menaces qui ne réussiront pas davantage. Quant aux résolutions de la diète de Vienne, elles ne pourront être plus efficaces à cet égard et plus décisives que celles de la diète de Francfort, qui, aussi bien, recevait les instructions des mêmes ministres. La nullité des opérations de cette dernière ne permet pas de penser que les hommes d'état des deux cabinets prépondérans aient voulu recommencer cette œuvre aussi sérieusement que leurs journaux censurés le disent. L'affectation de ces feuilles-échos à répéter de pareilles assertions indiquerait, au contraire, qu'un tout autre objet est le fond réel sur lequel s'exercent les hautes capacités diplomatiques dont les conférences à huis-clos ne laissent rien transpirer et ne permettent de former que de vagues conjectures (28).

Il y a une dernière question en dehors du système dont nous avons vu l'influence sur toutes les autres; c'est l'occupation et la colonisation d'Alger. Cette conquête est peu importante aujourd'hui sous le rapport de notre politique extérieure. Faite dans des vues entièrement opposées à ce système, elle n'a plus de portée européenne et n'intéresse, pour le moment, que la France. Mais cet intérêt est devenu aussi grand en ce dernier sens qu'il pouvait l'être dans l'autre; car l'honneur du pays s'y trouve d'abord engagé par suite des vives et universelles réclamations produites par l'appréhension de voir cette possession abandonnée. D'autre part, la question n'est pas encore résolue de savoir si les intérêts matériels de la France commandent ou non la conservation et l'achèvement de la conquête.

Quand l'expédition eut lieu, ce fut un double but extérieur et intérieur. Le premier déjà tout-puissant eût suffi à la déterminer; le second né des circonstances urgentes qui pressaient alors le gouvernement ne souffrit pas de retard, et les sacrifices ne coûtèrent pas pour en assurer le succès. Ces dépenses, il est vrai, furent couvertes depuis par le trésor de la Casauba : elles eussent pu être bien autrement compensées si le général qui commandait l'expédition n'eût pas cédé aux instances du consul anglais pour conclure une capitulation avec un ennemi à terre, dans laquelle entra la clause de conservation par le Dey de ses biens et trésors particuliers qu'on ne sut pas même l'obliger à transporter en France. Mais il fallait avant tout prévenir les mécontentemens marqués de l'Angleterre; l'on sait, par la manière même dont l'assertion des promesses d'abandon a été repoussée, qu'au moins les prétentions de nos voisins avaient été jusque là.

Cette idée de l'abandon d'Alger est aujourd'hui un des graves embarras intérieurs du gouvernement. Il soulèverait l'orgueil national s'il prononçait un seul mot qui tendît à manifester cette intention. Déjà les réponses faites l'année dernière par le Ministre de la guerre aux interpellations à ce sujet ne furent rien moins que satisfaisantes; un pas de plus et mille bouches s'ouvriront pour le déclarer complice d'un dessein anti-national. Les esprits sont tellement prévenus sur ce point, que l'intérêt matériel, si compromis qu'il puisse paraître, ne suffirait pas pour atténuer les reproches auxquels donnerait lieu la moindre démarche douteuse. En un mot la conservation, dans tous les cas, de notre possession d'Afrique est plus nécessaire au nouveau gouvernement que sa conquête ne pouvait être utile au précédent.

Cependant après un mûr examen de tous les documens qui ont été donnés jusqu'ici sur Alger et malgré l'opinion de la commission qui vient de prononcer sur toutes les questions qui s'y rattachent, il est évident que, dans *son état actuel*, cette possession est onéreuse et n'offre pas pour l'avenir une perspective brillante; aussi n'est-ce pas dans ce but qu'elle a été conquise. Les 20 millions environ qu'elle coûte ne devraient pas sans doute être considérés, si l'on pouvait espérer, même après plusieurs années, des résultats politiques ou commerciaux d'une importance majeure. Sous le rapport politique, en supposant que par de nouveaux sacrifices nous parvinssions à soumettre et à occuper toute la régence, une position aussi éloignée du théâtre des grands débats d'Orient ne permettrait pas d'y acquérir une prépondérance digne de la France. Sous le rapport commercial et matériel, il faut reconnaître qu'on avait beaucoup exagéré l'excellence du sol et du climat; les blés ne réussissent pas aussi bien qu'on l'avait dit : le prix élevé de la main d'œuvre empêcherait d'ailleurs d'en tirer de grands avantages; le tabac y est de mauvaise qualité; les essais pour la culture du coton y ont été malheureux à cause du manque absolu d'irrigation. La régence d'Alger, quelqu'effort que l'on fasse, quelque succès que l'on en obtienne, ne sera jamais qu'une seconde Provence. L'huile et la soie, voilà les sources de prospérité pour la colonie qui y serait créée et consolidée, dernier point bien difficile à atteindre au milieu de quatre ou cinq populations diverses toutes hostiles et antipathiques avec notre civilisation.

Sous un autre point de vue, on pourrait soutenir avec raison que la possession d'Alger et sa colonisation seraient à la France d'un grand secours, seulement par son existence comme colonie à une telle proximité de la métropole. Quel que soit, en effet, le genre borné de ses productions possibles, et par conséquent la faiblesse de sa concurrence avec l'étranger, il faudrait ignorer tout ce qu'offre de ressources un commerce même purement intérieur pour ne pas considérer, au degré où il le mérite, le mouvement commercial et le débouché facile qu'offrirait, par la suite, cette colonie à l'industrie française. A cette considération viennent s'en joindre deux autres : nous aurions au moins un point à nous dans la Méditerranée, que les anglais n'ont cessé de connaître dans l'intérêt de leur commerce ; car Malte et Gibraltar ne sont pas seulement des places de guerre, mais de forts entrepôts de marchandises, dont l'utilité, dans cette position, est incontestable. Nous aurions aussi des ports nouveaux pour nos vaisseaux et un moyen incessant d'exercice pour notre marine marchande, vraie et seule pépinière en France de sujets propres au service de celle de l'État.

D'après ce que l'on connaît du travail de la commission chargée de résoudre toutes les questions relatives à Alger, on voit qu'aucun parti décisif ne sera pris; rien n'apparaît qui donne l'assurance d'une forte et complète organisation; en un mot, la colonie naissante sera en son genre, aussi maltraitée que nos anciennes, si même on en agit, ce qui n'est pas encore prouvé, dans une véritable indépendance et hors de toute influence venant du dehors. Il n'y a jusqu'ici qu'un point majeur décidé, c'est qu'on ne fera pas, comme le proposaient les partisans de la nouvelle école économique, *une colonie européenne*. Le principal argument, fourni en faveur de ce dernier projet, était que les colons recevraient au plus bas prix la plus grande partie de leurs approvisionnemens. Cela est vrai, et ce qui est vrai aussi, c'est que cet avantage tout particulier et restreint, serait obtenu au détriment général de la France, qui ne profiterait en rien de ces fournitures livrées à la concurrence étrangère, tandis qu'elle aurait seule à sa charge les frais de l'occupation qui, en ce cas, seraient plus considérables.

Ce n'est pas du reste quand nous avons porté si imprudemment les plus rudes coups à nos colonies, sous une inspiration perfide, colorée d'un vernis de libéralisme, dont de funestes effets viennent de se faire sentir tout récemment à la Martinique et à la Guadeloupe, que nous devons négliger ou sacrifier une création nouvelle qui, au moins par sa position et son genre de culture, est à l'abri de nos faux systèmes. La commission vient d'accorder une dépense extraordinaire de 19 millions pour fortifications, bâtimens et travaux divers, et paraît pencher pour l'occupation restreinte au littoral occupé actuellement. C'est trop et trop peu, c'est du juste-milieu, et l'avenir reste toujours incertain.

Si, parvenus au terme de l'œuvre que nous avions entreprise, nous jetons un coup-d'œil sur l'ensemble des élémens et des faits que nous avons exposés, qu'apercevrons-nous? La France profondément divisée en quatre partis travaillant ouvertement au renversement ou à l'anéantissement l'un de l'autre et par tous les moyens. Nulle assiette possible pour un ordre moral, nul accroissement de prospérité dans l'ordre matériel tant que l'épouvantail d'une nouvelle révolution prolongera l'égoïste inertie de la grande masse. Fausse position d'un gouvernement qui n'a pas su, qui n'a pas pu peut-être, à raison de sa position, se concilier même à un faible degré la confiance du peuple; qui reste en butte, malgré tous les moyens de répression, aux attaques les plus violentes et à l'outrage, qui ne les éviterait pas au point où les choses sont parvenues, alors même qu'il se résoudrait à faire sans détour du despotisme. D'un autre côté, pas d'espoir que des moyens assurés de consolidation et d'union soient fournis par aucun des partis existans; car il n'en est pas un qui puisse par sa force propre, ou par celle de ses principes, entraîner ou dominer tous les autres. Nous sommes pour ainsi dire placés sur le sommet d'un cône, pouvant à peine supporter la gêne et les souffrances d'un équilibre laborieux, et n'en pouvant sortir que par une chute, de quelque part que nous venions à pencher; et cependant à l'extérieur, les circonstances sont telles que plus que jamais nous aurions besoin d'une unité nationale, pour figurer dans les affaires de l'Europe d'une manière digne de nous, et conforme à nos grands intérêts territoriaux et commerciaux. Placés dans une situation secondaire, nous devons travailler à la faire convenablement changer, en profitant à propos des chances que l'avenir pourra nous offrir, chose difficile en tout état de choses, impossible dans l'état de division où nous sommes; heureux si quelque grand conflit, plus prochain qu'on ne pense, ne nous trouve pas dans une situation pire encore.

Nous avons vu dans le cours de l'examen auquel

nous nous sommes livrés, combien dans tous les partis les sources de notre prospérité nationale sont méconnues et oubliées : chacun se fait des illusions et cherche à les faire accepter aux autres, sans toutefois rien sacrifier de ses prétentions. Le parti qui gouverne et prétend tenir la balance entre les extrêmes opposés, ne fait pas consister son milieu à attirer ses adversaires, mais à les repousser, et devient ainsi le parti le plus extrême de tous : il s'est à peu près réduit à n'être que de la force brutale. Les autres peu soucieux de l'application des principes les plus exagérés en font un drapeau sous lequel ils rassemblent tous les mécontens aveugles ou fondés. Cette vieille question née de nos troubles interminables est encore à l'ordre du jour : *Où allons-nous ?*

On se dispute maintenant en France sur le choix d'un gouvernement. Le choix ! c'est bien de cela qu'il s'agit ! le seul besoin, le besoin actuel et pressant pour nous, ce n'est pas d'avoir tel ou tel gouvernement, *c'est d'en avoir un et de le conserver* : la chose paraît aussi peu probable qu'elle est nécessaire.

FIN.

RÉSUMÉ.

Intérieur en 1830. — L'esprit de liberté, le sentiment de nos droits méconnus et l'ascendant de nos besoins ont renversé une dynastie ennemie. Mais la victoire qui mit dans les premiers jours le comble aux vœux du parti national, depuis long-tems opprimé, devint une pomme de discorde entre tous; et cette Révolution de Juillet, si pleine d'enthousiasme et d'avenir, qui devait faire rayonner la France de tant de gloire, n'est plus pour ainsi dire qu'une triste dépouille dont chaque parti se dispute les lambeaux. Selon les uns, il n'y a pas eu péripétie, mais dévolution du pouvoir exécutif à d'autres mains, substitution de personnes, légitimité greffée. Selon les autres, il y a eu rénovation complète, passage à une ère nouvelle. Je ne parle pas du parti déchu, il est tout clair que pour lui il n'y a qu'usurpation et tyrannie.

Ainsi, sur le fonds de juillet, nous sommes divisés en trois partis bien distincts, comme autant de commentateurs à l'œuvre pour tordre un vieux texte et en faire jaillir l'esprit d'avenir. On pourrait même compter quatre partis, en considérant le gouvernement lui-même comme un parti à part avec le cortége de ses doctrines mixtes, d'ordre composite à l'anglaise; ayant sa vie propre, comme puissance qui cherche à se mettre en dehors et au-dessus de l'influence nationale; agissant comme être doué de la prescience et voulant gouverner plutôt par le pouvoir discrétionnaire de l'ancienne raison d'état que par la raison consultée des gouvernés.

Le parti du milieu est cette notable portion du pays sur laquelle le gouvernement prétend s'appuyer, classe nombreuse, mais apathique, plutôt courbée sur son bien-être individuel que soucieuse des grands intérêts nationaux; élément d'ordre, il est vrai, puisque rien ne lui est plus cher que le repos; classe éminemment sédentaire d'esprit comme de corps et que la moindre apparence de mouvement intellectuel jette dans les alarmes.

A droite et à gauche de ce parti, le plus volumineux, se trouvent les deux partis extrêmes qui attaquent le gouvernement en tête et en queue, et lui causent chaque jour de mortels déplaisirs. L'un, celui du passé, qui pleure ce que Juillet a enseveli à tout jamais, s'est fait sermoneur et publie sa palingénésie sociale, ne voyant rien de plus sûr pour le bonheur de la France que le bizarre accouplement de Henri V avec le suffrage universel ; le tout annoncé avec des prétentions tellement scientifiques, que l'on pourrait dire avec raison, qu'il n'est pas permis de reculer plus dogmatiquement les bornes de l'absurde. Mais comme tous ces étalages de doctrines sophistiques ne sont que des batteries mises en jeu pour amener l'anarchie et le despotisme par l'excès de la liberté dans le dessein de nous faire arriver à l'objet de leurs regrets, en nous faisant traverser encore une fois et despotisme et anarchie, personne assurément n'y sera pris. Eh quoi ! le suffrage universel demandé par ceux-mêmes qui, avant les célèbres ordonnances, prêchaient la doctrine du pouvoir constituant, le reconnaissaient dans Charles X comme un don du ciel, comme le feu créateur et conservateur de la monarchie depuis Clovis jusqu'à nous... Ce sont là de ces métamorphoses dont il faut être témoin pour y croire ; jamais plus grand tour de force n'étonna le monde pensant. Une cause est bien mauvaise et bien perdue quand elle a recours à de pareils moyens.

Puis après vient le parti républicain, classe d'hommes à sang chaud, foyer ardent des sentimens les plus patriotiquement énergiques, naturellement exagéré comme tout ce qui est dans la fermentation de l'âge et dans la ferveur d'idées nouvelles, comme tout ce qui est exclusif et n'a qu'une seule face ; parti incompact qui ne se connaît pas lui-même, et qui, à le prendre dans les diverses nuances qu'il affecte, offre dans son sein les types multiformes de tant de sortes et d'espèces de républiques, qu'il n'est pas possible de concevoir comment la république pure et simple, ainsi qu'on la prône dans les rues, pourrait obtenir une heure de règne.

Comme dans le cercle des choses humaines les extrêmes se touchent, il n'est pas étonnant que ces deux partis se rencontrent sur le même terrain d'attaque. C'est entre eux non une alliance intime, comme on l'a dit, mais une coalition diplomatique. Ils s'empruntent, se prêtent de mutuels efforts, sauf à s'expliquer ultérieurement le succès échéant. Tous les moyens ne sont-ils pas bons pour parvenir au but ?

Le parti du milieu dont l'existence en vérité se trouve justifiée comme nécessaire en opposition où résistance aux deux partis excentriques, ce parti, lui, ne veut avancer ni reculer ; en reculant, il craint que le gouvernement de son choix ne l'emporte vers la monarchie des quatorze siècles, laquelle ne conçoit d'autre rempart pour sa sûreté, contre les assauts du pays, qu'un corps de noblesse héréditaire, des castes, des distinctions nobiliaires et cléricales, et bien d'autres choses qui congédiraient notre excellente bourgeoisie ; en avançant, il a peur d'être transversé dans la république qu'il voit à ses portes et dont il entend le bélier battre ses murs, en même tems que la voix de ses héraults qui la proclament dans nos cités. Ce parti veut bien jusqu'à certain point du progrès par lequel nécessairement son existence se trouverait embellie, mais il n'ose en ouvrir le bouche, précisément parce que le progrès à accomplir se ferait contre lui, contre son monopole, comme il l'obtint lui-même en 89 aux dépens de la noblesse, du clergé et du pouvoir royal, et que finalement, trouvant l'ordre de choses actuel tout-à-fait à sa guise, il aime mieux le garder.

Au milieu de ces grands conflits, de ces tiraillemens en des sens si divers, il nous semble que le plan du gouvernement serait de nous enlever d'ensemble vers les améliorations et les découvertes sociales ; par là, il rattacherait à lui tous ces hommes nationaux qui veulent les légitimes conséquences de juillet avec la royauté nouvelle ; par là, il affaiblirait considérablement le parti de la république qui ne peut recruter que de ces hommes dont les espérances se trouvent déçues par la marche rétrograde actuelle. Que si, au lieu de tenir une conduite franche, nette, il demeure immobile, sans activité progressive, au milieu d'un élément dont les flots ne peuvent manquer de l'assaillir et de le rendre de plus en plus incertain de lui-même, il gâte, il perd tout, il végète sans dignité et fait continuellement mettre en doute son existence et sa propre durée. Il fera, si l'on veut, de l'intérêt dynastique ; il s'efforcera de sanctifier son pouvoir en prenant les démarches du droit divin ; il travaillera à inspirer le respect, en se créant un entourage ; à rétablir le culte, l'idolâtrie des cours : tems perdu que tout cela ! Vaine fumée qui se dissipe au souffle populaire ! Lorsqu'on ne croit plus à la divinité, à quoi donc servent les formes du culte ?

Cela se conçoit, on voudrait concilier les partis. Mais au point où nous en sommes, comment les rallier ? on ne peut les réunir qu'en les satisfaisant ou en les subjuguant par ce qui a de la grandeur et de l'éclat. Pouvez-vous ouvrir les antichambres de la victoire à l'ancien régime ? non. Pouvez-vous livrer la carrière des combats aux républicains ? pas plus.

Donc notre maladie sera longue, car c'est une maladie grave que l'état de division dans lequel nous nous trouvons.

S'il est une chose qui a pu blesser ses plus chauds partisans au sortir de juillet, c'est cette inclination que le gouvernement a montrée pour le parti déchu, en laissant de côté ceux à qui il devait son existence, ce qui a fait penser que la royauté nouvelle n'était pas aussi bourgeoise ou citoyenne qu'on s'était plu à le dire. Sans doute que ce gouvernement, qui avait tant besoin de l'ordre, se tournait de préférence vers ceux en qui il voyait plus de ressources pour faire de l'ordre et de la hiérarchie; fuyant ainsi ces brouillons insatiables de réformes qui ne veulent rien voir de bon dans ce qui existe. Peut-être le refus des légitimistes, d'accepter les présens de la royauté nouvelle, nous a-t-il été à nous, hommes de progrès, d'un grand préservatif contre un plus profond retour dans les voies de la restauration.

De l'*Extérieur*. — Ici est un champ de tristesse pour tout homme animé de l'amour de son pays, et qui n'a rien de plus à cœur que de voir la France reprendre en Europe le rang qui lui appartient et dont elle a été déchue en 1814. Ainsi, si ce n'est à rompre par les armes, c'est à dénouer avec habileté les traités de 1815 qu'est la tâche, l'honneur de notre gouvernement. On peut avoir été vaincu, cela peut arriver à bien d'autres, et les traités, dans ce cas, qui sont une honte quand on les signe, ne sont plus par la suite qu'un malheur à déplorer. Mais ne relève-t-on jamais du malheur? Mais, après vingt ans, sera-t-il permis de se considérer encore comme au jour de la défaite? La honte sera-t-elle éternelle? Au besoin manquons-nous d'autres cohortes pour venger la défaite de Varus et de ses légions? Si quelque chose afflue dans notre pays, c'est ce sang généreux qui bouillonne dans nos veines et qui s'indigne à la vue du rôle humiliant que joue le pays devant la diplomatie étrangère, toujours aux aguets, toujours prête à faire faire amende honorable aux moindres velléités d'indépendance échappées à nos hommes responsables.

D'où vient que nous qui, en juillet, avons causé tant d'effroi aux souverains de l'Europe, sommes retombés si bas? Hommes du pouvoir d'alors, puisque l'énergie manquait à vos ames, puisque l'inspiration patriotique ne se trouvait pas dans votre cœur stupéfait, pourquoi n'avez-vous pas parlé au nom de ce peuple qui venait de se lever, qui était encore debout au milieu des foudres vaincues de la légitimité renversée, pour faire triompher nos justes prétentions et tenir sous le coup de la ménace révolutionnaire ceux qui tremblaient tout d'abord? Convenez-en, l'habileté vous a manqué; vous n'avez pas compris tout ce que renfermait de succès et de gloire la nouvelle position de la France. A nous maintenant le rôle honteux de recevoir humblement la paix et pour le prix qu'on veut nous l'octroyer. Est-ce assez d'injures et d'offenses? Par la maladresse et la couardise de nos parvenus, enchantés de leur avancement dans la voie des honneurs et des gros traitemens, les rôles se sont trouvés changés, et la Sainte-Alliance, troublée, éperdue d'abord, a repris ses sens aujourd'hui, elle parle du ton de commandeur; si bien qu'après le coup de foudre des trois journées, espèce de rêve glorieux, nous voici retombés dans le lit fangeux de la restauration. La sujétion est la même ni plus ni moins. Sous ce rapport la position du gouvernement et de son chef est toute critique, en ce qu'il est placé comme la restauration entre deux nécessités qui planent sur sa tête, la nécessité intérieure et la nécessité extérieure, qui en viendront tôt ou tard aux prises et dont le dénouement sera la guerre. La nécessité intérieure est cette force qui tend à pousser de plus en plus le gouvernement dans les voies de développement, tant du côté des intérêts matériels que du côté des intérêts moraux ; la nécessité extérieure est cette force comprimante qui, de par la Sainte-Alliance, s'oppose à ces mêmes développemens, tend à nous refouler sur nous-mêmes, ennemie qu'elle est de tout ce qui pourrait nous conduire à la grandeur. Telle est l'antithèse des deux principes dont l'Europe est le théâtre de lutte, lesquels feront explosion si jamais ils se rencontrent à nu, c'est-à-dire, si des tempéramens ou des transactions n'interviennent. Au reste, si quelque chose d'exemplaire, si quelque chose de grand a été donné en spectacle aux nations, ce n'est pas par le génie des princes, mais par celui des peuples, par l'énergie de leurs sentimens nationaux, par le triomphe des idées nouvelles. Ainsi la France la plus avancée sur l'échelle de la liberté politique, la France qui est à la tête du mouvement rénovateur en Europe, qui a l'influence morale sur tous les peuples, qui ouvre l'entendement des autres nations aux idées de liberté, qui, en définitive, en est la meilleure directrice, la France ne saurait être tenue en charte privée.

Eh ! ne serait-ce pas une triste situation que celle où l'on vous dirait : Vous voulez du progrès, des améliorations, prenez garde de retomber dans les erreurs sanglantes de 93 : vous voulez de la dignité, de l'honneur national, craignez la guerre européenne terminée par un Waterloo. Comme dans notre première révolution il n'est pas une bonne tendance, ni d'intentions nobles et généreuses qui n'aient été traversées par les événemens et manqué leur véritable but; on vous opposerait aujourd'hui le péril de vos efforts, le danger des vœux hardis; de telle sorte qu'au fond de tout cela, le doute prenant la place de la confiance, on ne serait plus bon à rien, on ressemblerait à un paralytique; s'il en était ainsi, il faudrait désespérer de la nature humaine. Heureusement que la providence n'a pas frappé de stérilité cette partie du globe que nous habitons, et que cette ardeur du sang qui rendait les gaulois nos aïeux si intraitables aux romains, est encore l'apanage de leurs descendans.

Nous avons pour alliée l'Angleterre. Ceci ne veut pas dire que l'Angleterre a fait pacte avec la France, pour l'affranchissement des peuples, pour sauver la Pologne, aider l'Italie à rompre ses langes de vieille servitude monastique, rendre le Portugal à un gouvernement moins cruel, combattre en Espagne l'influence des cours du nord à l'effet de contribuer au nouvel enfantement de la liberté constitutionnelle, et soustraire l'empire ottoman aux serres de l'aigle russe. Rien de tout cela n'existe. Cette alliance avec nous est toute de rencontre et de position, comme deux astres qui se trouvent en conjonction. Un moment viendra où, chacun ayant sa propre destinée à poursuivre, l'un dépassera l'autre et s'en séparera. L'Angleterre marchande a pu craindre les effets de la révolution de juillet sur le continent ; elle a tremblé devant un désordre européen dont son commerce n'eût pas manqué de ressentir le contre-coup. Elle ne s'est mise du côté de la France que pour en être la conseillère dans son propre intérêt et en vue de ménager ses avantages commerciaux. Qu'aurait-elle eu à gagner en se tournant contre nous ? Elle n'avait plus rien à nous envier. Il en est de même des autres puissances auxquelles 1814 et 1815 ont tout donné, ce qui explique assez leur paresse à nous faire la guerre.

C'est pourquoi aussi, sans vouloir formellement guerroyer, je pense qu'avec un peu de tenue dans le geste et la voix, on aurait aisément obtenu la radiation de bien des clauses aux fameux traités de 1815. C'étaient des amendemens nécessités par la présence d'une cause militante, cause européenne à l'état de traînée révolutionnaire, ayant étendue et portée, à laquelle il était loisible à la France de mettre le feu de la propagande. Mais pour cela, il fallait du coup-d'œil, du courage, un profond sentiment de sa situation ; il ne fallait pas, sous les auspices de l'événement le plus heureux dans l'histoire, et encore dans le triomphe d'une révolution la plus extraordinaire qui fût, monter au Capitole et rendre grâces aux dieux, non de voir la patrie sauvée, mais d'avoir vu l'abîme et d'y avoir miraculeusement échappé soi-même.

FIN.

NOTES.

(1) Qui ne se rappelle les bruits de guerre prochaine accueillis dans les journaux et appuyés de raisonnemens ; surtout cette infaillibilité prétendue d'un grand conflit au premier coup de canon qui serait tiré devant Anvers. Il en a été tiré pendant deux mois assez de milliers pour déterminer la reddition de la citadelle sans que la guerre s'en soit suivie, malgré les 100 mille Prussiens campés sur la frontière. Et pourquoi l'événement trompa-t-il si complètement les prévisions de tant d'hommes politiques ? C'est que la véritable question n'était pas là, comme on le voit clairement aujourd'hui.

(2) Il a été publié sur les projets de la Russie, dans l'Inde, les détails suivans :

« La ligne d'opération que les reconnaissauces militaires ont fait, dit-on, adopter comme la meilleure pour envahir l'Indoustan, a pour base la mer Caspienne et le lac Aral ; elle suit le cours du fleuve Amon, qui est l'ancien Oxus, et dont les eaux sont navigables jusqu'à Balk, dans une étendue de 520 lieues. Elle traverse, dans la direction de Caboul, la haute chaîne du Coosto Indien, et descend, par les affluens de l'Indus, à Paishawer, Attok et Sahore, capitale du Penjab. Elle pénètre dans l'Inde anglaise par Delhi et Agra, qui étaient autrefois les métropoles de l'empire du Mogol.

« Les agens employés pour s'assurer des ressources et des obstacles, que peuvent offrir les lieux traversés par cette longue ligne d'opération, sont des arméniens, qui cachent leur véritable mission, sous le prétexte de pieux pélerinages, et des officiers Lithuaniens qui se font passer pour des Polonais fugitifs. C'est dans l'Inde une opinion commune, accueillie par les meilleurs journaux du pays, que des intelligences suspectes existent entre les arméniens de Calcutta et de Bombay et le patriarche de leur religion, résidant au monastère d'Edzmiazin, en Arménie, sous le patronage de l'empereur de Russie.

« Des bruits populaires, qui ne sont peut-être pas sans fondement, fesaient du prince royal de Perse, Abbas Mirza, l'auxiliaire et le soutien des projets d'invasion du cabinet de Pétersbourg. Le peuple croit fermement, dans la plupart des villes de l'Inde, qu'il avait épousé une princesse russe et abjuré le mahométisme, pour obtenir la garantie de succéder à son père, qui voulait faire monter sur le trône un autre de ses enfans. On assure qu'il devait entrer dans l'Inde, par Hérat, avec une armée de 30,000 hommes, qui serait l'avant-garde des Russes.

« Dans ces circonstances, les officiers français qui ont toute la confiance de Runjet-Sing, le maharajah du Penjab, pourraient rendre d'importans services à l'Angleterre; car ils sont sur le théâtre de toutes ces pratiques, qui pour la plupart n'ont besoin, pour être déjouées, que d'être connues promptement. »

(3) Voici comment ont été présentées les suites du traité de la Porte avec la Russie : chaque jour dévoile quelque chose des nouveaux articles secrets imposés au sultan Mahmoud par la Russie. Les actes d'autorité, les dispositions militaires que fait cette puissance en Moldavie et en Valachie indiquent suffisamment qu'elle considère ces principautés comme siennes, et dans ses discours comme dans ses actions, le prétendu divan de Bucharest a fait assaut de servilité envers le général Kissclef, avec le conseil de Jassy. Des indices peu équivoques font penser aussi que la cession du littoral, depuis les bouches du Danube jusqu'à Varna, a été stipulée, avec tout le territoire compris entre la mer et le fleuve, jusqu'à une ligne tirée de cette ville à Silistria, où il n'y a déjà plus de navigation. De cette sorte les russes, quand ils voudront, feront filer leurs troupes par le golfe de Burgas ou par les chemins de la côte, sans perdre plus de temps qu'on n'en mettra à rédiger une note diplomatique. Au sujet

des réglemens de compte entre le sultan et son allié, celui-ci s'est montré d'autant plus accommodant qu'il préfère des cessions territoriales à des rentrées d'argent irrécouvrables. Aussi M. Orloff a paru prodigue des roubles, *en papier*, de son maître à tous ceux qu'il a joués et éblouis, et on a admiré sa générosité, non-seulement pour les frais de l'expédition, mais encore pour les secours de toutes sortes, en hommes et en matériel, qu'il a fournis pour les châteaux, pour la marine, etc., etc.

(4) Il est positif que le Roi Guillaume a demandé à la diète Germanique son consentement à la cession de la partie Wallonne du Luxembourg. Il ne s'agit plus que de trouver une compensation à *ce sacrifice fait au maintien de la paix générale.*

Tout récemment encore, dans la 2me chambre des Etats-généraux de Hollande, un orateur n'a point déguisé la nécessité de conclure la paix. Une fin est urgente, disait-il, puisque ce qui peut nous arriver de pis serait moins mauvais que notre situation actuelle, vivant comme nous vivons dans des embarras financiers, sans loi fondamentale, sans indépendance du pouvoir judiciaire, sans système arrêté, ce qui détruira enfin complètement le crédit public.

(5) Il y a peu de jours le *Times* publiait les réflexions suivantes :

« Les préparatifs maritimes de la France et de l'Angleterre attirent depuis quelque temps l'attention des observateurs politiques de l'Europe entière. Le gouvernement Français fait, dans ses chantiers du midi, un puissant armement de vaisseaux de guerre, et 20 ou 30,000 hommes sont destinés, dit-on, à envahir la province africaine de Constantine, dépendance de l'ancien gouvernement d'Alger. Peut-être on découvrirait, pour l'escadre, un service plus pressant à quelques milles à l'est de cette nouvelle colonie Française. La Russie a une escadre dans l'Euxin, à trois jours de voile de Constantinople ; cette escadre ne compte pas moins de 22 à 24 vaisseaux de ligne. Qui pourrait être étonné de voir le gouvernement de Louis-Philippe se précautionner contre toutes les chances, et celui d'Angleterre partager de justes appréhensions à l'égard des desseins manifestés de la Russie ? L'Angleterre voit les choses du même œil que la France ; c'est ce qui résulte du fait annoncé par les journaux, que notre amirauté a donné l'ordre de disposer pour le service plusieurs vaisseaux de ligne, des frégates de première classe, maintenant disséminées à Portsmouth, Plymouth et Chatam : 8 vaisseaux et 4 ou 5 frégates qui, avec la *Victoire* et 2 autres déjà en commission à Portsmouth, constitueraient une force de 11 vaisseaux de ligne, et joints à l'escadre déjà réunie dans l'Archipel, donneraient une force de 18 vaisseaux de ligne y compris une demi-douzaine de vaisseaux à trois ponts.

» Une longue indifférence de la part de l'Angleterre à l'égard de la Russie, pour s'approprier les magnifiques débris de l'empire Ottoman, serait une insulte à l'honneur du peuple anglais; ce serait le sacrifice du commerce anglais et de la liberté de la Méditerranée; ce serait un crime contre l'indépendance et la tranquillité du continent Européen. Nous voyons donc avec plaisir que notre gouvernement va au-devant du mal qui nous menace. Si le cabinet de Saint-Pétersbourg voit, à n'en pas douter, que l'Angleterre et la France disposent une flotte formidable, non pas pour l'ostentation, mais pour l'action aussi, s'il en était besoin, il est à croire que plus d'une fois le czar délibérerait avant de s'engager contre une pareille confédération. La sûreté de l'univers, de la société politique, dépend maintenant de l'union cordiale des conseils et des efforts de la France et de l'Angleterre, pour s'opposer au torrent de la barbarie. En vain M. Pozzo di Borgo épuiserait ses ressources diplomatiques à vouloir semer des germes de discorde entre deux pays dont l'intérêt commercial, colonial, militaire, maritime et moral est commun, contre les attaques du despote du Nord: leur union, sauvegarde de leurs intérêts, tiendra. »

(5 *bis*) Dans cette sorte d'irritation fébrile qui précède de pareils événemens, une nation est comme une épave qui se meut en tous sens, semble chercher un guide et cède à la première main qui la saisit.

Outre toutes les inductions présentées sur les menées de cette révolution, une des plus remarquables est celle qu'on a tirée de la création d'une pension par Louis XVIII, en faveur de la nièce de Robespierre.

(6) « Après la victoire du jeudi, après la réponse énergique de MM. de Schonen et de Lafayette à ceux qui avaient apporté de Saint-Cloud des propositions au nom de Charles X, MM. Laffitte, Thiers et Mignet pensèrent que le seul moyen d'utiliser le mouvement et de consolider la révolution de Juillet, était de transporter la couronne sur la tête du duc d'Orléans. Ils s'occupèrent dans la nuit de faire des proclamations, et il fut décidé que le lendemain, 30 juillet, M. Thiers se rendrait à Neuilly, *de la part de M. Laffitte.*

« M. Laffitte fut un de ceux qui les premiers s'occupèrent des intérêts du *duc d'Orléans.* » (*Deux ans de Règne*, pages 121, 122.)

« La couronne de France fut escamotée. Ce fut M. Laffitte qui fit jouer tous les ressorts. Dès le matin (du 30) à six heures, MM. Thiers, Mignet, Larréguy et un quatrième député s'étaient rendus chez lui ; et là, sans avoir pris l'avis des députés, délibérant et agissant seul, M. Laffitte arrêta qu'il fallait placer le duc d'Orléans sur le trône...... »

(*Relation publiée par un rédacteur du journal* la Tribune.)

(7) Ces idées remontaient jusqu'à Louis XVI qui répondait en 1782 au duc de Chartres, sollicitant son agrément au titre bizarre qu'il voulait donner à Mme de Genlis : « Gouverneur ou gouvernante, peu importe ; vous êtes le maître de faire ce qu'il vous plaira ; *d'ailleurs le comte d'Artois a des enfans !* »

(8) Voici le passage de la réponse de Louis-Philippe à la députation de Gaillac (31 janvier 1831) où se trouve ce mot devenu typique :

« La révolution de Juillet doit porter ses fruits ; mais cette expression n'est que trop souvent employée dans un sens qui ne répond ni à l'esprit national, ni aux besoins du siècle, ni au maintien de l'ordre public. C'est pourtant ce qui doit régler notre marche. Nous chercherons à nous tenir dans un *juste-milieu* également éloigné des abus du pouvoir royal et des excès du pouvoir populaire. »

(9) Il est étonnant qu'on ait nommé *doctrinaires* les hommes politiques qui se sont trouvés le plus en harmonie avec ce gouvernement, à moins qu'on ait voulu exprimer par une sorte de trope l'absence de toute doctrine.

(10) En lisant attentivement les documens exacts sur les coalitions des ouvriers, on ne peut s'empêcher de voir qu'elles ont toutes été provoquées. Le sentiment de mécontentement, juste ou non, existe ; mais il n'eût rien produit seul. Il aura son effet, sans aucun doute, si ces classes acquièrent de l'instruction. Jusqu'ici elles suivent, sans connaissance de cause, la voix d'instigateurs qui, supposons-les sincères, ne peuvent certes pas leur procurer une amélioration réelle à leur position, puisque

celle-ci dépend de la solution d'un problème d'organisation sociale qui est encore à étudier.

(11) « 29 juillet 1830. — *Liberté, égalité.* Le sang prodigué avec tant de dévouement et de courage par les citoyens de Paris, dans les trop immortelles Journées du 27, du 28 et du 29 Juillet, ne mérite pas moins que les biens inestimables qu'expriment les deux mots écrits en tête de cet article. Des hommes, chez qui la faiblesse du caractère rend toujours l'esprit incertain et la vüe courte, ont pu combattre, il y a peu de jours encore, les doctrines de la *Tribune*; mais le peuple français les a adoptées; il a prouvé qu'elles étaient dans son cœur. Si, après tant de sacrifices, il n'obtenait pas enfin la jouissance assurée de tous ses droits, on verrait revenir, au bout d'un temps plus ou moins long, l'oppression qui a rendu tous ces sacrifices nécessaires.

» De plus, la victoire n'est pas encore complète, il nous reste des dangers à courir. Des corps entiers de troupes françaises n'ont pas renoncé encore à l'effroyable envie de tremper leurs mains dans le sang de leurs frères. Bientôt, peut-être, l'étranger viendra se joindre à eux. Il faut donc que toutes les mesures tendent à soutenir l'enthousiasme de la nation; il faut surtout que rien ne vienne le ralentir. Le nom du grand citoyen qui est à la tête du gouvernement provisoire, et le caractère de l'habile général qui siège à ses côtés, nous sont de sûrs garans que les droits du peuple ne seront point sacrifiés à de misérables considérations; toutefois, c'est un devoir pour tous les patriotes de défendre les vrais principes. Empêchons les intrigans de venir recueillir les efforts du brave.

» Les intrigans, qui s'appelaient *les habiles*, ont largement exploité pendant quinze années tous les avantages que leur donnait un système de concessions et d'amalgames. La question qu'ils embrouillaient s'est éclaircie; le brouillard s'est dissipé au bruit du canon. Leur rôle doit être fini. Qu'ils cèdent le champ aux amis sincères de la liberté. La population parisienne, se réveillant d'un long sommeil, a surpassé les prodiges de 89; qu'il en soit de même dans toute la France.........

» L'avant-veille du jour où les ordonnances des coups-d'état furent signées, nous disions, après avoir donné quelques conseils destinés à empêcher ces sinistres mesures, dont les funestes résultats ne pouvaient être arrêtés que par du sang, nous disions que, si ces conseils devenaient inutiles, le peuple devait *se presser autour des patriotes.* Il l'a fait, et dans cette solution il a trouvé la victoire; qu'il leur reste toujours uni. »

« 5 août 1830. — A voir les dispositions que la chambre des députés a manifestées dans la séance d'aujourd'hui, et surtout à entendre quelques-uns de ses membres, il semblerait que tout s'est fait uniquement pour leur honneur et gloire; que la population de Paris n'a bravé les balles et la mitraille qu'afin de leur donner un roi qui eût pour eux la même affection que Charles X avait pour les émigrés. Déjà ils jouent auprès du duc d'Orléans le même rôle que jouait l'émigration auprès du roi déchu par le peuple; ils cherchent à l'entraîner plus loin qu'il ne voudrait aller, et un Bourbon est obligé de défendre les droits de la nation contre les trois quarts de ces 221, que les journaux du centre, devenus aujourd'hui nos *Gazettes* et nos *Drapeaux-blancs*, exaltaient, il y a un mois, comme des Catons.....

» Le peuple de Paris a tout fait, et cependant il ne prétend s'arroger aucun droit; il demande seulement que la France entière soit consultée. Quelques députés, quelques pairs, qui n'ont rien fait, viennent imposer silence aux vainqueurs, repousser le noble appel que la victoire faisait à la volonté nationale, et, nommés les uns par 80,000 privilégiés, les autres par les agens du roi vaincu, ils nous disent: Nous sommes la France.

»..... Le mot de *représentans provisoires* a vainement excité les murmures des nouveaux ministériels. Tout ce qu'il y a en France de vrais citoyens répétera avec l'illustre Lafayette: Tout est encore provisoire; il n'y a de définitif que les droits imprescriptibles de la nation. Dès l'année dernière, la *Tribune* appelait l'ami de Washington l'*Etoile des peuples*: cette étoile doit nous guider toujours. »

(*Journal la Tribune.*)

(12) Le bruit a couru dans le temps que Louis-Philippe, quelques jours avant le procès des ministres, a dit à M. Laffitte: « Si l'on m'abandonne, il ne me reste qu'à me retirer à Neuilly. »

(13) Cet acte extrà-parlementaire qui fit tant de bruit et fut si vîte oublié, abandonné, présentait deux singularités bien remarquables. Il énonçait, comme premier grief contre le gouvernement, la fondation d'une liste civile de 12 millions et demi, et cependant il fut délibéré chez M. Laffitte et signé par cet ex-ministre qui, lui-même en 1830, avait présenté une loi créant une liste civile de 18 millions. Et puis la contexture ambiguë de ses énonciations entortillées rappelant trop

les dissidences d'opinions, d'ailleurs bien connues, des signataires, ne laissait plus à cette pièce que l'apparence d'un sauf-conduit mutuel.

Avec cela le compte rendu n'en était pas moins l'expression fidèle de l'opposition mixte de cette époque et la semence féconde des systèmes qu'elle avoue tout haut maintenant. Le ressentiment du juste-milieu lui a fait dire que la réunion Laffitte avait produit le 6 juin ; ce qui est certain, c'est qu'elle a allaité la république alors réfugiée chez elle, et qui marche seule aujourd'hui.

(14) La faible portion des centres qui s'était isolée de la masse sous le nom de *Tiers-parti* ne pouvait faire d'aucune manière ni bien ni mal. A peine a-t-elle pu constater authentiquement son existence, se fondant au moindre choc dans les rangs des purs ministériels. Loin d'avoir assez d'importance pour fournir un ministère, il n'en est pas même sorti un ministre, malgré tous les efforts tentés pour achever ce pénible enfantement. C'est sans doute à la conscience de cette nullité, autant et plus qu'à la bizarrerie du caractère de son chef avoué, qu'il faut attribuer la résistance de ce personnage aux offres réitérées qui lui furent faites d'un porte-feuille. La présidence de M. Dupin ne lui a pas beaucoup servi à augmenter son influence malgré les réunions des jeudis au Palais-Bourbon.

(15) Voici les principaux passages du manifeste républicain publié par le comité central de la *Société des Droits de l'Homme et du Citoyen*. Ils contiennent le programme des promesses et des espérances du parti :

« Tous les besoins du pays se résument en un seul ; il faut que le peuple recouvre l'exercice de sa souveraineté.

» La réalisation de la souveraineté du peuple, c'est à ce but que la Société des Droits de l'Homme attache tous ses efforts.

» Héritiers de la mission qu'avait entreprise le génie de la Convention nationale, voulant que la société soit ramenée vers son véritable but, voulant à la fois affranchir et assurer sa marche, les républicains doivent, avant tout, chercher des guides qui, en l'améliorant, l'empêcheront de s'égarer.

» C'est dans cet esprit que, dès son origine, et bien avant la formation du comité central actuel, la société des Droits de l'Homme adopta, comme expression de ses principes, la déclaration présentée à la Convention nationale par le représentant du peuple Robespierre.

» Or, dans cette déclaration, tout est suffisamment exprimé, droits, devoirs, moyens, garanties; le but de toute société et de toute civilisation, le bien-être et la conservation de l'individu, la protection, la liberté, le progrès, l'égalité, la solidarité, la fraternité entre les hommes, entre les peuples, le droit, la sûreté, la liberté et la propriété de chacun justement et moralement définies, efficacement assurées, la souveraineté du peuple, l'universalité des suffrages, l'abolition de tous les priviléges, l'élection et la responsabilité des agens du pouvoir, l'obéissance religieuse aux lois et aux magistrats lorsqu'ils les exécutent, la résistance à l'oppression, le droit d'association, de pétition, de libre expression des opinions par la presse et par toute autre voie, la progression de l'impôt, l'instruction commune à tous les citoyens.

» Mais, à tous ces principes, il faut des conséquences et des moyens d'application: *il ne suffit pas de constater le droit des exclus, il faut le rétablir*; il y aurait quelque chose de dérisoire et de cruel à éclairer les nombreuses classes de prolétaires sur leur injuste et misérable condition, à signaler devant eux les vices de l'organisation sociale, si l'on ne travaillait en même temps à réunir, par une meilleure constitution politique, les procédés les plus propres à amener, à perpétuer le règne de la justice. Il faut, d'ailleurs, que l'opinion publique se rende compte des moyens de l'avenir.

» C'est dans ce but de réalisation et d'examen, non pour imposer une solution, mais pour y contribuer; non pour enlever à cet avenir ses propres révélations ou préjuger ses besoins, mais pour recueillir les notions et les prévisions présentes; c'est, en un mot, dans un esprit de préparation et de progrès qu'ont été généralement conçus de notre temps :

» 1° Un pouvoir central qui, électif, temporaire et responsable, offre, dans son exercice régulier, toutes les garanties que le pays cherche depuis des siècles dans les révolutions; un pouvoir central qui, à raison même de ces garanties, possède, notamment par l'unité de son action, tous les moyens de force, de protection et d'ensemble nécessaires à l'accomplissement de sa mission;

» 2° Une assemblée nationale qui, représentant tous les intérêts légitimes, garantisse à chacun d'eux la part qui lui revient, et, choisie par tous les citoyens, ne sacrifie ceux de l'ensemble à aucune prétention excentrique ou égoïste;

» 3° Une organisation municipale qui combine la liberté des communes avec l'unité du gouvernement, en faisant surveiller les votes et la compétence des corps municipaux par ses délégués;

» 4° Une organisation des gardes nationales qui appelle tous les citoyens à défendre leurs droits et leurs foyers, et place leur élite dans les conditions nécessaires pour fournir une armée à la fois disciplinée, disponible et instruite, sans qu'elle cesse d'être utile à la production, dévouée aux libertés publiques, et organisée, *sauf quelques modifications spéciales*, suivant le droit commun du pays, c'est-à-dire l'élection ;

» 5° Un système d'éducation publique qui prépare, pour la jeune génération, une communauté d'idées compatible avec le progrès, facilite par l'enseignement le perfectionnement du travail, et qui, en donnant aux fonctions de l'instituteur primaire plus d'importance et d'étendue, l'appelle à exercer au milieu des populations ce ministère moral, premier moyen des sociétés, lorsqu'il est enlevé à l'exploitation de la superstition, du monopole et du sacerdoce ;

» 6° Un système financier qui, ne se bornant pas à dégrever le pauvre, le travail, l'industrie, soit pourvu de ressources nécessaires pour les aider, les commanditer; qui remplace ce qu'on est convenu d'appeler les revenus de l'Etat par un capital social, dont la puissance constitue le budget public, non plus débiteur, mais créancier, et mettre le crédit, non plus à la disposition des particuliers envers le corps social, mais à la disposition de celui-ci envers les particuliers ;

» 7° Une organisation judiciaire qui généralise l'institution du jury, ramenée à ses véritables bases, qui la combine avec la révision et la simplification des codes, avec des attributions plus étendues conférées aux justices de paix, et l'action d'une cour suprême appelée à surveiller et à maintenir l'application uniforme des lois ;

» 8° Une organisation administrative qui laisse au choix du pouvoir central les fonctionnaires plus spécialement destinés à transmettre son action et à conserver le principe d'unité nationale ; qui maintienne les agrégations d'intérêts et de populations par départemens, sauf à corriger, dans leur division géographique actuelle, ce que l'expérience aurait fait reconnaître de contraire aux rapports naturels des localités, à leurs besoins et à leurs moyens productifs.

» 9° L'établissement de fonctions industrielles qui contribuent à réaliser ces deux grands principes, la meilleure division du travail, la meilleure répartition des produits, qui accélèrent l'émancipation de la classe ouvrière et fassent intervenir la puissance et l'intelligence sociale dans le développement des intérêts sociaux ;

» 10° Le concours du droit d'association à ce développement, et à la combinaison de la liberté individuelle avec la réforme des désastreux effets de l'isolement.

» 11° La révision des institutions publiques, sauf la sanction du peuple, préparée par conseil permanent d'enquête et d'amélioration ;

» 12° Une fédération de l'Europe, fondée sur la communauté du principe générateur de la souveraineté du peuple et de ses conséquences générales, sur leur garantie réciproque entre les diverses familles de la nation européenne, une liberté absolue de commerce, et une entière égalité de rapports.

« Sans doute, il y a telles de ces vues qui restent soumises à des discussions, résultant moins de l'incertitude des esprits que de la liberté des opinions et des consciences ; il y a tels de ces moyens sur lesquels on diffère, moins à cause de leurs avantages, de leur nécessité, de leur justice, que relativement à l'époque où ils pourront être réalisés ; il y en a d'autres que le progrès même annullera ; et cet avenir, dont on s'inquiète à tort, saura mieux que la prévoyance actuelle, faire face à ses besoins.

Toujours est-il qu'en France un nombre sans cesse croissant de citoyens, un parti, en un mot, se meut dans ce cercle d'idées ; qu'il se rallie et s'étend sur le terrain où elles germent, où la plupart d'entre elles ont jeté des racines profondes ; que ce parti conçoit unanimement l'égalité comme but, l'assistance aux prolétaires comme premier devoir, pour agent la forme républicaine, pour principe la souveraineté du peuple ; enfin qu'il considère le droit d'association comme la conséquence de ce principe et le moyen d'en amener l'exécution.

» Le parti républicain est le seul qui s'unisse à un système entier, conséquent, moral. Ce qu'on peut dire de mieux des autres, c'est qu'ils n'en ont aucun. Qu'on leur demande à quelle souveraineté ils reconnaissent le droit d'arbitrage, tristement mais socialement nécessaire, entre les prétentions, les passions, les besoins des individus ? Pour les uns, la souveraineté vient de Dieu au prêtre, à l'oint du Seigneur ; pour les autres, elle est dans la raison humaine, telle qu'il plaît à quelques exploiteurs, à quelques pédans misérables, de la faire parler ; pour d'autres encore, elle naît brutalement de la force et du fait.

» Que si on leur demande ce qu'ils veulent de bien, ce qu'ils conçoivent de sérieux, on trouvera qu'ils veulent seulement ou le retour ou le maintien des abus qu'ils se disputent et dont ils profitent, qu'ils se rejettent dans un passé bien autrement vague encore et plus mal défini que ne l'est tout avenir, ou qu'ils s'attachent à ce qui est, par crainte d'un autre état quel qu'il puisse être ; on trouvera tout au plus qu'ils discutent sur des mots, sur des termes ; si bien que leur droit c'est l'usurpation, le mensonge ; leur règle, l'égoïsme ; leur guide, la peur ; leur affaire, des arguties vaines, et que les moins méprisables d'entre eux, ce sont seulement les plus frivoles.

» Des doctrines, les républicains seuls en ont, parce que seuls ils ont de la conscience et de la logique. De la force, il n'y en a également qu'en eux, parce qu'il n'est de convictions, de progrès et de confiance que là. Les moyens qu'ils tiennent à la disposition du peuple pour le jour où le peuple les sommera de lui tenir parole, ce n'est pas ici le lieu de les détailler; ces moyens n'ont d'ailleurs rien de secret, et la haine du gouvernement prouve à la fois qu'il les connaît et qu'il les apprécie. Mais nous citerons de nouveau, comme force générale de notre parti, étrangère et supérieure à toute coterie, à toute manœuvre, cet immense développement qui lui fait compter ses recrues, non par individus, mais par populations; nous citerons cet esprit d'organisation et de discipline qui s'est déployé en lui, et dont la société des Droits de l'Homme n'a pas été, nous pouvons le dire, un des moindres résultats, un des moindres agens. Nous ferons ressortir enfin cette vitalité républicaine qui, sans richesses, sans notabilités, sans appuis, à travers mille préventions, mille obstacles, a su grandir par cela que son foyer est dans le cœur même de la nation, et qui, il y a plus d'un an, a pu non-seulement fournir déjà des combattans contre une armée, mais s'accroître même par leur défaite, et grâce à nos vaincus, nous faire tant de prosélytes.

» Laissons nos ennemis dire, s'il leur plaît, que la faute en est aux vainqueurs, selon les uns, parce qu'ils n'ont pas su profiter, selon les autres, parce qu'ils abusent de leurs succès: peu nous importe; car si c'est du mal que doit naître le bien, certes, cette cause ne nous manquera pas. Quoiqu'il en soit, carlistes, juste-milieu, opposition, tout cela est en ruines, tout cela est sans portée, sans action, sans avenir. Le pays n'a de sympathies et d'estime que pour le parti républicain; il n'attend rien, ne recueille rien que de lui.

» Car ce n'est pas seulement dans l'avenir que le parti est destiné à lui être utile, et déjà il n'y a que nous qui lui fassions service; il n'y a déjà plus d'actualité qu'en nous. Tous les autres sont frappés d'impuissance, de stérilité, et retombant en poussière sur le sol, n'y fécondent que les germes funestes et les mauvaises passions. Le parti républicain seul s'accroît et se condense, seul agit, et active les sentimens généreux, les fortes croyances, toutes ces semences de grandeur et de civilisation, qui, en Europe, n'ont maintenant de terrain défriché que la France, et, en France, d'autre stimulant que le parti républicain.

» Jusqu'à présent, il n'a été représenté que par des manifestations individuelles ou trop étroitement collectives. Journaux, écrits, discours, procès, les associations même, tout, jusqu'aux journées de juin, se produit avec ce caractère d'isolement ou de bonne volonté et d'action en quelque sorte personnelles, qui ne diminue pas le mérite des efforts, mais qui ne constitue pas une représentation du parti.

» On doit y procéder dès à présent par ces actes d'ensemble et d'adhésion publique, qui montrent une même opinion sous un même aspect, qui la lient et l'expriment dans sa généralité. C'est un résultat que la *Société des Droits de l'Homme* ne prétendra pas attirer à elle; son comité central s'attache à administrer celui qu'elle a obtenu; mais il doit en provoquer un qui s'étende à l'ensemble du parti, qui le rallie et le représente.

» Dans ce but, il convient qu'il se mette directement en rapport avec tous les élémens républicains, qu'il amène une manifestation d'assentiment et d'union propre à caractériser plus nettement la pensée démocratique.

» Et si ce résultat doit être cherché, ce n'est pas seulement pour qu'elle soit franchement et fidèlement produite, c'est aussi pour que son agent soit mieux connu. Les républicains sont trop souvent encore jugés à faux, même par ceux qui ne les calomnient pas : tel qui rend justice aux principes du parti se trompe sur son caractère. De ce qu'il repousse tout alliage, on conclut qu'il manque de lien; parce que ses élémens sont libres et énergiques, on les croit violens et dispersés. »

» Le parti républicain est dans sa plus grande force d'expansion; il faut qu'il s'y livre; le temps marche si rapidement qu'il semble qu'il n'y ait plus de distance entre notre point de départ et notre but; demain nous prendrons position : il faut tracer notre camp.

» L'association comptera principalement sur l'appui *de ceux qui, deshérités de leurs droits politiques*, à peine protégés par les lois civiles, faites par les riches et pour les riches, succombent sous l'excès du travail et le fardeau des charges publiques; sur l'appui de ceux à qui la nature impose le devoir de ressaisir, ne fût-ce qu'en faveur de leurs enfans, leur titre et leur dignité d'homme et de citoyen.

» Le comité récemment élu se compose des citoyens Voyer-d'Argenson, A. Guinard; Berrier-Fontaine, N. Lebon, J.-J. Vignerte, Cavaignac, Kersosi, Audry de Puyraveau, Beaumont, Desjardins et Titot. »

Nous avons cru devoir donner, malgré leur étendue, ces passages d'un acte qui fera toujours époque. Nous pensons qu'ils peuvent servir à la connaissance du temps et des hommes. Ils confirment ce que nous avons dit, que l'on cherche encore dans les voies gouvernementales un remède au malaise social. Le lecteur jugera du mérite de celles qui sont ici proposées.

(16) Le 7 août 1830, M. Audry de Puyraveau, comme membre de la Commission municipale, établie après les 3 journées, reconnaissait le principe monarchique; il s'exprimait ainsi : « *Ici s'est terminée notre tâche, Sire; le roi des Français a été proclamé. Nous nous sommes empressés de résigner nos fonctions dans ses mains, et sommes avec le plus profond respect, de votre Majesté les très-humbles et très-obéissans serviteurs et fidèles sujets. Signé,* Manguin, Audry de Puyraveau, *etc., etc.* »

17) Les dépenses de 1830 ont été fixées par la loi de règlement à la somme de.................. 1,095,142,000 fr.

Celles de 1831, compris le deficit Kessner, de 4,700,000 fr.............................. 1,219,310,000

Situation provisoire de 1832................. 1,190,748,000

Dépenses votées pour 1833.................. 1,120,394,000

Crédits alloués par des lois spéciales.......... 4,372,000

Dépense totale des 4 Exercices.............. 4,629,966,000 fr.

Recettes ordinaires:

1830, y compris le produit de la conquête d'Alger.. 1,031,796,000 fr.

1831.................... 948,624,000

1832.................... 986,125,000

1833.................... 966,870,000

Revenus des 4 années réunies................ 3,933,415,000 fr.

Excédant des dépenses sur les revenus ordinaires. 696,551,000 fr.

Cet excédant se répartit entre les 4 Exercices, ainsi qu'il suit :

1830 — 63,346,000 fr.
1831 — 270,687,000
1832 — 204,622,000
1833 — 157,896,000
} 696,551,000 fr.

(18) La dette flottante est demeurée chargée de l'excédant de 1830 et 40,108,000 fr. sur 1832, ensemble	103,454,000 fr.
Impôt temporaire et retenue sur les traitemens 1831	56,201,000
On a vendu des bois pour	58,079,000
Emprunt de 1831	120,000,000
dito dit National	21,422,000
dito de 1832	150,000,000
Total des ressources extr^res^ employées au 1er j^er^ 1833	509,156,000 fr.
Le surplus du déficit total est donc de	187,395,000 fr.

(19) *Budget des dépenses de* 1834.

Dépenses votées (loi du 28 juin 1833)	981,923,478 fr.
Crédit spécial au ministre du commerce et des travaux publics (loi du 27 juin)	38,500,000
Rentes rayées du grand livre ou affectées au crédit, total de 93 millions (même loi)	32,000,000
Crédit supplémentaire au ministre de la guerre (ordonnance du 10 décembre 1833). (*)	11,075,000
Frais pour les mesures prises par le même ministre à l'occasion des derniers événemens, et qui ont annullé celles qui pouvaient amener l'économie annoncée de 85 millions, soit	50,000,000
TOTAL	1,113,498,478 fr.
La commission des recettes les a évaluées, p. 1834, à	983,669,307
Différence	129,829,171 fr.

(*) A la suite de l'ordonnance du 10 décembre dernier, on lit, dans la partie officielle du *Moniteur*, l'explication suivante :

« Le rapport au roi, qui accompagne l'ordonnance qui précède et en développe les motifs, énonce qu'indépendamment de la somme de 5,083,000 fr., dont M. le ministre de la guerre propose l'annulation sur ses crédits législatifs de 1833, le compte définitif de 1832 fait également ressortir sur les crédits ouverts au même département un disponible de plus de 3,500,000 fr. ; ce qui porte le chiffre total des

(20) Nous ne parlons pas de l'argument tiré de la limite du cens et dont ne peuvent triompher que ceux qui sont ou qui supposent les autres incapables d'un raisonnement sérieux. Il est évident que si l'on a prouvé que le cens devait être rejeté, il devient inutile d'en critiquer la limite; mais vouloir remplacer cette preuve ou la renforcer en présentant ingénieusement le contraste de deux censitaires payant un centime de moins l'un que l'autre, ce qui rend le premier incapable d'un droit dont jouit le second; je le répète, c'est se moquer des autres ou manquer de bon sens soi-même. Car, quelle est la limite en tout genre la mieux établie, la plus indispensable, à laquelle on ne puisse opposer un raisonnement pareil? Le vote universel n'y échapperait pas, puisqu'il admet des limites ou d'âge ou de cens en descendant jusqu'au plus bas.

Il n'en est pas de même d'un autre argument pris de la multitude de fonctionnaires qui entrent soit dans le corps électoral, soit dans la chambre; mais comme ce fait dépend plus de la volonté particulière des gouvernans que du système, il ne peut être compté que comme un accessoire, un vice de détail dans la loi. Il n'a d'ailleurs que peu ou point de rapport avec le cens ou sa limite, ce qui est le point fondamental de la question.

(21) Pour que ce système d'impôt produisît réellement son effet, c'est-à-dire qu'il fournît au trésor un revenu réel et constant qui remplaçât les charges du pauvre, il faudrait que le prix des choses vénales et la circulation commerciale ne changeassent pas; car son premier effet serait d'amener ce changement, de sorte qu'en définitive la charge en tant qu'elle pourra exister, retombera indirectement sur le pauvre, parfois même d'une manière si brusque pour quelques unes qu'ils y trouveraient leur ruine totale quand l'impôt direct eût été à peine senti. Il faut noter encore que si on n'a pu répartir aussi exactement qu'il eût été nécessaire l'impôt proportionnel, à cause de l'impossibilité des évaluations précises, l'assiette

---

crédits restés sans emploi sur les deux exercices à 8,583,000 fr., et réduit de fait les nouveaux fonds à allouer sur 1833, pour *dépenses extraordinaires et non prévues*, de 11,131,000 fr. à 2,548,000 fr. »

Mais on sait ce que valent ces bonis sur des exercices qui, eux-mêmes, présentaient un arriéré. Les compensations sont plus qu'incertaines; les dépenses, au contraire, sont bien réelles et doivent être comptées pour l'année à laquelle elles sont affectées par le ministre lui-même.

de l'impôt progressif serait d'une bien autre difficulté, je dirai même impossible, à moins d'user d'arbitraire, puisque les dissimulations seraient beaucoup plus nombreuses et les revenus réellement altérés en même tems que le prix vénal des choses.

(22) Voici le discours que M. Poulett-Thompson, sous-secrétaire d'état du ministère du commerce en Angleterre, a prononcé à la fin de l'année 1833 à Manchester. C'est lui qui déjà vint en France pour tâcher de faire accepter quelques bases de traité commercial ou au moins préparer les voies :

« Vous savez mon dévouement aux principes de la liberté du commerce, vous savez que j'ai voué ma vie entière à leur triomphe, dont chaque jour nous démontre l'inévitable approche. Tous les événemens dont nous sommes témoins contribuent à prouver que cette politique est la seule qui ait vraiment de l'avenir. En jetant mes regards sur l'Europe, je trouve qu'en dépit du système égoïste, et j'ose dire insensé, qui est suivi par la plupart des nations, et dans lequel plusieurs d'entre elles manifestent l'intention de persévérer, ces nations mêmes sont entraînées vers de nouvelles destinées. Voyez le peuple français, notre voisin et notre allié, non moins par sa proximité que par ses sympathies; le peuple français veut être uni à nous par le commerce autant que par la politique. Nous avons ouvert la route, malgré les attaques et les mépris dont on a poursuivi nos principes; nous ne nous arrêterons pas pour demander si on veut nous suivre : nous avons ouvert la route, on sera bien forcé d'y entrer. Si nous recevons vos produits, dirons-nous aux étrangers, il faudra bien que vous receviez les nôtres. Si vous vous y refusez, vous tombez sous notre dépendance, et vous serez bientôt forcés par vos propres sujets, *devenus les nôtres*, de changer de système.

« Mais vous demanderez peut-être, comment une pareille dépendance pourrait exister de la part de la France? Il y a peu de jours, j'ai lu dans un rapport semi-officiel publié dans ce pays, *que l'Angleterre pouvait exciter une émeute à Lyon chaque jour, si bon lui semblait.* Nous n'avons pas le moyen d'exciter une émeute dans Birmingham ou dans Manchester; mais rendez Manchester et Birmingham aussi dépendans de la France que Lyon, dit-on, l'est de l'Angleterre, et la partie devient égale. Dieu nous préserve des désirs ou des craintes dont il est question dans ce rapport! Nous ne voulons créer aucune dépendance pour de mauvais motifs, mais pour le bien de tous. Je la désire, moi, cette dépendance, parce qu'elle tend à resserrer les liens qui unissent les nations d'une manière bien plus étroite que les traités écrits sur parchemin; je la désire, parce qu'elle éloigne de plus en plus l'apparition de ce fléau du genre humain qu'on appelle la guerre.

« Toutefois, quoique ce soit là mes principes, je crois devoir y mettre quelques conditions. Je voudrais régler mon système sans me soucier de celui des étrangers en matière de prohibition, et leur laisser régler le leur. Je veux suivre mon impulsion, mais je ne veux point aller au-delà, et quoique je ne prétende pas me mêler de la législation fiscale des autres pays, mon amour de la liberté ne saurait aller jusqu'à ne pas demander la réciprocité en matière de franchises, afin que notre commerce n'éprouve aucun dommage ; et si je trouve que les étrangers, et la *France elle-même*, soumettent nos produits à des droits plus élevés que ceux qui pèsent sur les produits des autres états, je serai prêt à demander qu'on use de représailles. La couronne peut prendre ses mesures sans l'intervention du parlement, et mon opinion est qu'elle ne doit point hésiter. Je proclame hardiment cette doctrine, car quel que soit mon zèle pour la liberté, il est cependant un point où je crois devoir m'arrêter. »

Il est aisé d'apercevoir le mérite de cette allocution destinée à passer le détroit, et comment, avec un principe vrai, on peut se tenir en mesure de faire prévaloir ses vues particulières. Si le discours entier n'est pas une cruelle ironie, il énonce les contradictions les plus manifestes. Nous ne dirons rien de *l'émeute à Lyon* et de la *dépendance*, sinon que pour affecter l'empire en cette circonstance, M. Thompson se fût contenté d'un fondement plus futile encore que l'interprétation erronée d'un mot indiscret.

(23) Un traité de commerce avantageux n'est presque jamais que l'effet de la crainte d'une nation plus faible ; car, s'il est avantageux à l'un des contractans, il est nécessairement nuisible à l'autre. La réciprocité, quant à ses effets, est un être de raison.

Lorsqu'on veut réunir toutes les nations par une liberté indéfinie du commerce, que l'on demande que tous les ports soient ouverts indistinctement, que tous les Etats abandonnent les prétentions d'une richesse privilégiée, qu'ils laissent enfin l'or et les matières circuler et se répandre sans rencontrer d'obstacles, on fait un roman philosophique d'une exécution impossible ; car, en supposant cet accord général de la liberté, il suffirait qu'un seul homme, dans le conseil d'un seul gouvernement, désirât un avantage particulier pour que, de toutes parts, de proche en proche, cette liberté reçût une atteinte universelle. Un seul homme d'état, intéressé, forcera tous les autres à l'être, ou il en fera des dupes.

Ces systèmes généraux ne sont pas plus applicables aux sociétés particulières qu'à l'homme moral ; elles sont ennemies les unes des autres :

on ne peut que les rapprocher dans les détails autant qu'il est possible, sans vouloir exiger qu'elles confondent leurs intérêts et qu'elles s'unissent sous les liens d'une commune fraternité.

(24) Voici ces messages où l'on remarquera les passages soulignés qui semblent un peu étranges dans la même pièce :

« Au sénat des Etats-Unis,

» J'ai examiné attentivement la résolution adoptée le 11 du courant par le sénat, et requérant le président des Etats-Unis de communiquer au sénat une copie du document publié, dont il a été donné connaissance par lui le 18 septembre dernier aux divers ministres, et qui a rapport au retrait de la banque américaine et de ses succursales, des dépôts d'argent du gouvernement.

» Le pouvoir exécutif est une branche coordonnée et indépendante du gouvernement aussi bien que le sénat, et *j'ignore en vertu de quelle autorité constitutionnelle cette branche de la législature aurait le droit d'exiger de moi un compte-rendu des communications soit écrites, soit verbales, faites par moi aux membres des divers ministères* réunis en conseil de cabinet. On serait tout aussi fondé à me demander des détails relativement aux conversations libres et particulières que je puis avoir avec ces mêmes ministres sur des sujets ayant rapport à leurs devoirs et aux miens.

» Appréciant ma responsabilité vis-à-vis le peuple américain, je suis prêt à lui donner en toute occasion l'explication des motifs qui ont dirigé ma conduite ; et *je suis également disposé à communiquer, toutes les fois qu'il en sera besoin, à l'une ou à l'autre branche de la législature, les documens qui sont en ma possession et qui peuvent être utiles à l'accomplissement de leurs devoirs.*

» Connaissant les droits constitutionnels du sénat, jamais il ne viendra à ma pensée de chercher à y porter atteinte ; de même que connaissant aussi ceux du pouvoir exécutif, je ne cesserai en toute circonstance de m'efforcer de les maintenir, conformément aux principes de la constitution et au serment que j'ai prêté de les soutenir et de les défendre.

« En conséquence, je suis forcé, par respect pour ma propre dignité, ainsi que pour les droits garantis par la constitution au pouvoir exécutif, de m'excuser de répondre à votre requête. » ANDREW JACKSON. »

Aussi, après la lecture de cette pièce faite par le premier secrétaire du président, M. Clay demande la parole, et fait observer que le document dont il était demandé communication au président avait été publié et répandu par les journaux de New-York, et qu'il intéressait la sûreté des fonds du gouvernement. Tout en rendant justice aux intentions du premier magistrat de la république, qui a pu voir dans cette demande une atteinte à ses droits, l'orateur se plaint vivement de ce refus, auquel le sénat était loin de s'attendre.

L'extrait suivant de celui adressé au congrès par M. Hayne, gouverneur de la Caroline, n'est pas moins curieux :

« Nous avons vu le pouvoir exécutif usurper l'autorité du trésor et celle de l'épée sans daigner faire un appel au congrès, et nous avons vu ce congrès lui-même, prêtant obéissance au premier signe du pouvoir exécutif, lui donner sans hésitation des pouvoirs extraordinaires et le rendre maître absolu de la vie et de la fortune des citoyens; nous avons vu un haut fonctionnaire du gouvernement privé de sa charge pour avoir refusé de désobéir aux prescriptions impératives de la loi; nous avons vu un officier, distingué par son courage, frappé de destitution en présence d'un acquittement solennel rendu par une cour martiale; un fonctionnaire, rejeté par le sénat, a été rétabli et maintenu dans son office, au mépris de l'autorité de ce corps et des termes formels de la constitution; nous avons vu le pouvoir et le patronage du gouvernement fédéral mis en conflit habituel avec la liberté des élections, la liberté de la presse, la liberté des opinions; nous avons vu une soldatesque payée envahir, en pleine paix et en vertu d'un mandat signé à Washington, les limites d'un état souverain, chasser de leurs maisons des citoyens paisibles, les assassiner impunément, et puis, trouver asile et protection sous le canon d'une forteresse, sans avoir à répondre de sa conduite à d'autres juges que ceux du gouvernement fédéral, revêtus par le bill de la force d'un pouvoir suprême sur les tribunaux des états. Et, pour couronner toutes ces usurpations, cette domination illégale s'exerce depuis si longtemps avec impunité, que c'est presque chose jugée aujourd'hui que son droit prétendu de régler et de contrôler l'emploi de tout le travail et de tous les capitaux de la nation. Certes, après un tel tableau, nous avons le droit d'avertir tous nos frères de l'Union que la liberté est en péril et de les appeler à son secours. »

(25) On sait que le résultat de la longue lutte de l'Angleterre contre la France de 1793 à 1815 a été une augmentation de sa dette publique de la somme énorme de 999,592,148 liv. sterl. en capital, soit en francs 24,989,803,700 fr., augmentation environ quintuple de la dette antérieure à 1793 qui datait de 1672. Il faut le commerce du monde pour soutenir un pareil fardeau.

La dette de France n'est en 1835 que de cinq milliards de francs environ en capital; elle se compte en rentes dont le chiffre avec l'emprunt annoncé pour 1834 sera de 328,736,210 fr.

(26) La guerre d'Espagne faite sous l'influence russe en 1823, et l'incendie de la flotte turque à Navarin sont des faits concluans.

Un journal anglais tory a publié dernièrement (16 janvier 1834) un prétendu document reçu, dit-il, par la malle française, et contenant un projet de traité proposé par la Russie à la France sous le règne de Charles X. Le journal anglais ajoute :

« Nous ne savons pas de quelle source émane ce document, et nous ne comprenons pas pourquoi on le jette en avant en ce moment, à moins que ce ne soit pour soulever les préventions contre la Russie. On dit que ce traité fut repoussé par Charles X; que le duc de Wellington, par son influence, détermina à préférer une alliance avec l'Angleterre, et que M. de Martignac dût sa démission à ses instances auprès du roi pour obtenir son acceptation des termes du traité avec la Russie. »

En lisant cette dernière réflexion, on se rappelle que M. de Martignac fut envoyé extraordinairement en Espagne, et que ce ministre quitta les affaires pour céder la place au ministère Polignac.

(27) La note du chargé d'affaires de France ne contient qu'un mot clair et précis. On va voir avec quelle hauteur il est renvoyé, et en même temps comment le contenu de la note en réponse est bien en harmonie avec tout ce qu'on connait de la politique astucieuse de la Russie.

Voici ces deux pièces données en français par la *Gazette d'Augsbourg :*

« Le soussigné, chargé d'affaires de S. M. le roi des Français, a reçu l'ordre d'exprimer au cabinet de Saint-Pétersbourg la profonde affliction que le gouvernement français a éprouvée en apprenant la conclusion du traité du 8 juillet dernier, entre sa Majesté l'Empereur de Russie et le Grand-Seigneur. Dans l'opinion du gouvernenement du roi, ce traité assigne aux relations mutuelles de l'empire ottomàn et de la Russie un caractère nouveau contre lequel les puissances de l'Europe ont le droit de se prononcer. Le soussigné est donc chargé de déclarer que, si les stipulations de cet acte devaient subséquemment amener une intervention armée de la Russie dans les affaires intérieures de la Turquie, le gouvernement français, se tiendrait pour entièrement libre d'adopter telle ligne de conduite qui lui serait suggérée par les circonstances, *agissant dès lors comme si le traité n'existait pas.* Il est également prescrit au soussigné de faire connaitre au cabinet impérial qu'une déclaration analogue a été remise à la Porte ottomane par l'ambassadeur de Sa Majesté à Constantinople.

« Saint-Pétersbourg, le.....octobre 1833. « *Signé* DE LAGRENÉE. »

« Le soussigné a reçu la note par laquelle M. de Lagrenée, chargé d'affaires de sa majesté le roi des Français, lui a fait part du profond regret que la conclusion du traité du 8 juillet entre la Russie et la Porte a causé au gouvernement français, sans énoncer en même-temps les motifs de ce regret, ni la nature des objections auxquelles le traité pourrait donner lieu. Le soussigné ne saurait donc les connaître ; il peut encore moins les comprendre. En effet, le traité du 8 juillet est purement défensif, il a été conclu entre deux puissances indépendantes usant de la plénitude de leurs droits ; il ne porte nul préjudice aux intérêts d'un état quelconque ; quelles seraient donc les objections que d'autres puissances se croiraient autorisées avec justice à élever contre une pareille transaction? Comment surtout pourraient-elles déclarer qu'elles ne lui reconnaissent aucune valeur, à moins qu'il n'entre dans leurs vues de renverser un empire que le traité est destiné à conserver?

« Mais tel ne peut être le dessein du gouvernement français ; il serait en contradiction ouverte avec toutes les déclarations qu'il a émises lors des dernières complications de l'Orient. Le soussigné doit par conséquent supposer que l'opinion énoncée dans la note de M. de Lagrenée repose sur des données inexactes, et que, mieux éclairé par la communication du traité que la Porte a fait récemment à l'ambassadeur français à Constantinople, son gouvernement appréciera davantage la valeur et l'utilité d'une transaction conclue dans un esprit aussi pacifique que conciliateur.

Cet acte change, il est vrai, la nature des relations entre la Russie et la Porte, car il fait succéder à une longue inimitié des rapports d'intimité et de confiance dans lesquels le gouvernement turc trouvera désormais une garantie de stabilité, et au besoin des moyens de défense propres à assurer sa conservation. C'est dans cette conviction, et guidé par les intentions les plus pures comme les plus désintéressées, que S. M. l'Empereur est résolu de remplir fidèlement, le cas échéant, les obligations que le traité du 8 juillet lui impose, agissant ainsi comme si *la déclaration contenue dans la note de M. Lagrenée n'existait pas.*

« Saint-Pétersbourg, le... octobre 1833.

« *Signé* NESSELRODE. »

(28) Les conférences de Vienne, ouvertes le 13 janvier de cette année, se sont continuées avec activité, mais dans le plus grand secret, en sorte que rien n'a transpiré dans le public. Les journaux allemands, tout en annonçant que des mesures coërcitives vont sortir de ces délibérations, laissent entrevoir autre chose encore, car ils ajoutent : les ministres étrangers envoient et reçoivent fréquemment des courriers, d'où l'on conclut qu'il se traite quelque chose d'important.

Les ministres ne se réunissent pas seulement aux conférences, ils les préparent ou les continuent aux dîners donnés par M. de Metternich.

Post-Scriptum.

Ainsi cette révolution de juillet si grande et si noble, accueillie par les unanimes acclamations de tous les peuples comme l'aurore d'une ère nouvelle et le gage le plus précieux de leur émancipation future, maintenant tombée dans des mains avides et efféminées, ne se trouve plus réduite qu'aux méprisables proportions d'une révolution de palais. Ainsi cet à-propos si heureux de la civilisation du monde qui devait tout régénérer, n'aura été qu'un vain éclat de foudre au milieu d'un ciel serein, sans novation ni dérogation à la stérilité qui a précédé ; il n'aura abouti qu'à faire la fortune d'une poignée d'intrigans politiques, espèce d'oiseaux de proie surnageant à tous les régimes, à toutes les catastrophes, et qui ne manquent jamais à la curée des honneurs et des gros traitemens. Nous l'avons dit, l'inspiration patriotique qui animait le peuple manquait au cœur de nos grands hommes, ils n'ont cessé de se prosterner devant la peur, divinité à laquelle ils sacrifient jusqu'à ce jour.

Quel système autre que celui qui nous régit pouvait sortir de ces dipositions premières ? et cette révolution sainte, dans laquelle les peuples mettaient les plus hautes espérances, tout ne concourt-il pas à l'étouffer ? N'est-elle pas prise et serrée présentement comme entre deux feux, en considérant d'une part tous les soldats qu'au dehors les monarques absolus ont équipés contre-elle, et au-dedans tout ce que la pusillanimité et les intentions perfides lui préparent. De-là ce système de temporisation, cet ajournement indéfini de toutes les questions qui intéressent les améliorations sociales. Oui, placés sous la double hostilité du dehors et du dedans, nous subissons toutes les humiliantes conditions de la restauration, nous pactisons avec la sainte-alliance des rois contre les libertés européennes. A ne prendre qu'un seul fait qui dénote jusqu'à quel point va notre servile condescendance pour les cours étrangères, qu'on fasse attention à la conduite vraiment scandaleuse du gouvernement envers les malheureux Polonais réfugiés.

La restauration eût-elle fait pis ? Sur ce point comme sur beaucoup d'autres l'administration, actuelle peut-elle se dire nationale, lorsqu'elle persécute ces malheureux exilés qui sont devenus nos frères au prix du sang qu'ils ont mêlé au nôtre sur tous les champs de bataille? Nest-ce pas une monstruosité que ces rigueurs du pouvoir, tandis qu'il n'est pas un Français dont le cœur ne palpite au seul nom de la Pologne, qui n'ouvre un asile à ces infortunés que leur foi dans la cause des peuples a jetés sur nos bords? Cette disparate, entre le pays et son gouvernement, est un fait qui en dit plus que toutes les vaines déclamations de tribune. Que si nous envisageons le chemin que l'on nous a fait faire depuis quatre ans, on doit trembler pour l'avenir; car il n'y a pas à douter qu'un abîme se trouve au bout de cette voie. Déjà je vois combien de transfuges la désaffection a fait passer dans le camp de l'opposition, combien d'hommes déçus se recherchent et se groupent sous la bannière désertée des principes de juillet. Certes, il nous en coûte à lâcher le mot; mais pourquoi se cacher la vérité : nous sommes depuis long-temps en *contre-révolution*, on nous y conduit par tous les voies et moyens imaginables.

Au moment où nous écrivons ces lignes, une loi est en discussion, loi mortelle qui fait de la charte-vérité une véritable imposture. Qui l'eût dit, en 1830, que ce gouvernement, élevé de nos mains, en viendrait à se tourner contre la liberté et enchérirait sur le code du despotisme? L'article 291 du code pénal, qui suffisait à Napoléon, est devenu par trop bénin pour un pouvoir issu des barricades. Où allons-nous donc ? Ces hommes arrivés au pouvoir et qui apostasient si effrontément, voyant la situation changée par le mouvement de l'esprit public, qui les pousse malgré eux dans les voies du progrès, et comprenant qu'une nouvelle situation appelle nécessairement d'autres hommes et un autre système aux affaires, ne trouvent rien de plus sûr pour perpétuer leur petit règne, que d'arrêter tout juste le pays dans le cercle de leurs idées et de leur ambition. La nouvelle situation ne veut plus d'eux, il faut que la nouvelle situation cède, et pour cela il faut invoquer des lois de violence, des lois d'exception. En conséquence, tous les efforts, toutes les angoisses de l'esprit public, manifestés par la presse ou sur la place publique, seront considérés comme subversifs.

Ainsi ce n'est plus à réprimer, c'est à prévenir que le gouvernement s'applique ; c'est à ce titre qu'il demande en ce moment une loi de despotisme, et, chose étonnante, du despotisme le plus renforcé. Cependant il est de l'essence du gouvernement constitutionnel de conférer entre citoyens, de s'unir, de *s'associer* même pour protéger ou faire valoir les idées auxquelles sont attachées nos convictions. Ce serait une plaisante discussion que celle qui soutiendrait doctrinalement que l'on n'est citoyen qu'à la seule condition de fuir la cause de l'intérêt public, de demeurer par principe ignorant des affaires de son pays, étranger à tout instinct, à tout sentiment de nationalité, comme si l'on n'était uniquement en société que pour payer des impôts, faire le service de garde national, nommer son député sous le bon plaisir du ministre. En vérité, on croit rêver, tant une pareille loi semble étrange. Quelle peste craint donc le gouvernement du treize août, pour mettre ainsi une loi sanitaire autour de ce qu'il regarde comme la contagion des idées. En serions-nous revenus à la maxime machiavélique : diviser pour régner.

Le pouvoir, disent-ils, n'est pas assez fort, et c'est, de la force qu'il demande. Nous lui dirons que la force ne se donne pas, mais qu'elle s'acquiert comme tout ce qui est dans l'ordre moral ; la force morale ne se communique pas comme un don ou une gratification, c'est par la pratique de la justice, par l'équité, la bonne foi dans la conduite et les actes qu'elle s'incarne dans le pouvoir et inspire du respect. En pareille circonstance, ce n'est que la violence, l'arbitraire que peut donner une majorité législative. Mais, est-ce tout? Non. D'autres projets, faisant suite à ce premier projet, viendront à la file en leur temps et par ordre, nul doute qu'une série de lois se trouve à l'instant renfermée dans l'étui ministériel. Et comme l'arbitraire appelle l'arbitraire à son secours, nous serons conduits par voie de conséquence, à un système complet de contre-révolution. Cette loi contre les associations ou réunions d'hommes est, pour les contre-révolutionnaires de 1830, ce qu'était la fameuse loi du sacrilége pour les réacteurs de Coblentz, c'est-à-dire, un premier jalon planté en avant dans le champ de la liberté comme indicateur de la nouvelle route à suivre.

Le gouvernement sort donc de son plein gré de cette légalité tant vantée, dans l'observation de laquelle il mettait sa gloire et son plus beau titre. Si l'on s'en fie à nos hommes d'état, c'est toujours pour le salut du pays. Mais écoutons ce que dit notre Benjamin de Constant, ce grand publiciste qui a gravé des paroles sur toutes les questions constitutionnelles; « Les partisans, dit-il, des lois de circonstance viennent » toujours avec leurs locutions consacrées, louant les » principes, écartant leurs conséquences, admirant » la règle, appuyant sa violation; érudits dans l'apologie de l'arbitraire, apôtres doucereux de la rigueur, et légitimes héritiers de nos législatures » successives, ils sont convaincus qu'un état ne saurait » supporter la liberté, et quand l'état s'écroule au » milieu de toutes leurs mesures vexatoires, c'est » encore trop de liberté qu'ils en accusent. Si depuis » 89 la France a dû être sauvée par des lois d'exceptions et de circonstance, certes, jamais pays ne fut » sauvé plus souvent; toutes les lois de ce genre qu'on

» a demandées ont toujours été votées. Il n'y a pas
» d'exemple qu'une assemblée se soit refusée aux rai-
» sonnemens et surtout aux méthaphores que j'ai
» rapportées ; toutes ont livré au gouvernement,
» quel qu'il fût, la constitution pour la garantir du
» danger d'être observée ».

Ne dirait-on pas que nous sommes destinés à tourner dans le même cercle, et qu'il nous faille aujourd'hui repasser par toutes les phases de la restauration. Il ne faut pas le mettre en doute, le pouvoir ne s'arrêtera pas, car il est dans la nature du pouvoir de conquérir, de renforcer de plus en plus son principe. Mais patience, la liberté, comme l'a dit un publiciste anglais, est une enclume qui usera bien des marteaux.

Nous le redisons, c'est un funeste présent que la législature fait au gouvernement, car cette loi d'arbitraire lui met dans les mains une arme, selon nous, des plus dangereuses. Tout dépendra, dira-t-on, de l'usage que le pouvoir en fera, du discernement qu'il apportera dans son exécution. De deux choses l'une, où la loi fera trop, ou elle ne fera pas assez ; si elle fait trop, au lieu d'être un remède salutaire, elle deviendra elle-même la cause la plus efficiente du mal qu'elle veut prévenir ; il lui arrivera, qui sait....peut-être de porter l'irritation, l'exaspération jusqu'à tel degré d'incandescence qu'on se verra probablement dans la nécessité d'en appeler encore aux grandes corvées de la garde nationale, pour éteindre le nouvel incendie que cette loi imprudente aura allumé. Alors les émeutes dont on aura voulu prévenir le retour, en en extirpant tous les germes contagieux, reparaîtront-elles plus violentes que jamais. Heureux si elles ne vont pas jusqu'à nous donner la recrudescence des fatales journées des 5 et 6 juin. Si cette loi ne fait pas assez, si, frappée d'impuissance, parce que l'opinion publique effrayée des conséquences lui refuserait cette sanction, qui fait la force et la vie des bonnes lois, elle reste en deçà du but qu'elle se charge d'atteindre ; quelle chance resterait alors au gouvernement après avoir violé si gratuitement la charte ? Il aurait donc dans ses mains défaillantes une arme trop formidable, dont il ne saurait, dont il n'oserait faire usage, et qui ne faisant que mieux révéler sa faiblesse, accroîtrait d'autant plus l'audace de ses ennemis que les signes visibles de la peur se liraient sur son front. En de telles circonstances, faire des lois exceptionnelles, c'est jouer gros jeu, car de telles lois, et aujourd'hui surtout, sont de vrais coups-d'état. Or, pour faire des coups-d'état, en général, il faut être Hercule et avoir sa massue. Les temps sont difficiles, nous le savons, mais il faut à un gouvernement le courage de la sagesse, il faut qu'il sache que le temps, ce grand modérateur des passions humaines, est son plus puissant auxiliaire. Vouloir confisquer la liberté tout au profit de l'ordre, ce serait méconnaître les besoins de notre époque, ce serait recommencer Charles x. Il n'y a maintenant, vu le progrès où nous sommes parvenus, d'ordre possible qu'avec la liberté, et ceux que le doute tiendrait encore à cet égard dans la fatale pensée du *sub judice lis est*, ne feraient que préparer des maux à leur pays.

Ce n'est pas tout, cette loi, si l'on en vient à ses tenans et aboutissans, on la trouvera des plus hardies que jamais pouvoir ait osé demander à une assemblée législative. Elle est dans son essence une monstruosité des plus effrayantes, puisqu'elle est une des plus flagrantes violations que la charte puisse recevoir. Comment ! la suppression du Jury, la Chambre des Pairs ravalée au rôle de juges correctionnels, l'État en péril par la plus petite réunion d'hommes ! tout cela n'est-il pas du code draconien ? Si ce sont là des prémices que la logique gouvernementale pose, nous ne sommes pas au bout, car c'est vraiment les peines du purgatoire qu'on nous promet, en attendant que l'enfer du despotime reclâme entièrement sa proie.

Il ne faut pas se le dissimuler, en voyant la joie pleine de satisfaction, manifestée par les feuilles étrangères; à la vue de cette loi qui doit être si agréable aux demi-Dieux de la Sainte-Alliance, ceci part d'un centre européen, découle de cette trinité dictatoriale qui, à cette heure, renferme mystérieusement ses complots liberticides dans l'antre ténébreux du Congrès de Vienne. Mais que ces autocrates seraient déconcertés, et combien grand serait leur désarroi, si, par quelque métamorphose subite, le belliqueux génie de la France, las de tant d'outrages, se réveillait tout-à-coup, et faisait retentir le cri terrible de guerre pour la liberté des peuples. Que ne verrait-on pas! Oui, la France seule est dans cette position singulière et glorieuse, qu'il lui suffirait de parler en maître pour décontenancer les monarques absolus, et faire dépendre la paix ou la guerre de ses volontés. Les souverains de l'Europe ont beau aligner leurs nombreux soldats, faire flamboyer leur épée, la France qui connaît la sympathie des peuples, ne pourrait que rire de ces rodomontades. Je le demande, que peuvent faire aujourd'hui la Prusse, l'Autriche et l'Angleterre? Je ne parle pas de la Russie qui est par trop éloignée pour être crainte, surtout depuis la guerre de Turquie, où l'on a pu voir en elle le colosse aux pieds d'argile. Que pourraient la Prusse et l'Autriche, entourées, flanquées, de tous ces peuples qui se cherchent dans la liberté, et répondraient au premier appel de la France pour se soulever? que pourrait l'Angleterre, dont on se fait à plaisir un épouvantail, avec sa dette énorme, sa pléthore commerciale, avec sa lèpre irlandaise, à laquelle il faudrait pour emplâtre cent mille hommes armés? l'Angleterre n'en est plus au système de Pitt, elle ne pourrait plus solder contre nous des guerres d'invasion. Tous sont donc vulnérables, tous portent dans leurs flancs des germes de destruction. Si jamais, par je ne sais quelle circonstance, le cœur nous revient, c'est alors que l'on verra à quelle haute et glorieuse mission nos hommes de la peur ont manqué. La France n'a qu'à le vouloir encore, et l'Europe écoutera.

Mais au reste, quelque soit l'état stationnaire dans lequel on s'efforce de faire vivoter la France, il y a au fond des choses, des questions bien autrement graves que celles qui s'agitent à la surface du pays, questions, non de république ou de monarchie, qu'il faudra bien aborder un jour, lorsque, dégagées de tout alliage d'esprit de parti, elles se poseront nettement en face du pouvoir suprême, et se formeront en croisade sur le terrain d'une polémique universelle. Ces questions qui se rattachent au sort de tous, à leur commun bonheur, ne sont autres que ce besoin, que cette nécessité d'améliorer la condition sociale, en faveur de laquelle toutes les classes conspireront à la fois. Des lois pénales peuvent dissoudre ou refouler dans les ténèbres les associations politiques, et rendre la voie publique libre de toute émeute ou de tout rassemblement, mais il n'y a pas de loi pour rompre et désunir le concert de tous les intérêts. On peut arrêter des mouvemens désordonnés, on peut assommer ceux qui demandent des changemens dans la constitution, mais on ne saurait arrêter le cours de la révolution de 1830, dans ce qu'elle a de profond et de nécessaire, car cette révolution n'en demeurera pas moins comme une révélation qui a sa foi et ses dogmes. En culbutant l'ancienne dynastie, nous avons bien entendu rompre nos entraves, et généralement l'on ne secoue ses entraves que pour marcher. Avoir la liberté de ses membres et être empêché d'avancer, ce ne serait pas là, certes, l'indice d'un grand progrès. Ne serait-ce pas donner au plus beau mouvement national qui ait jamais existé une portée toute négative? Pour les peuples, il y a autre chose, dans la manifestation de leur puissance, qu'une protestation défensive. Les grands soulèvemens populaires sont de l'ordre moral, et lorsqu'ils ont le caractère de révolution, ils font plus que de redresser des abus, que de repoussser le despotisme et le désarmer. Pas de révolutions qui n'ait en vue de sortir des voies anciennes pour entrer dans des voies nouvelles, de déplacer les bornes sociales actuelles pour les porter plus en avant. S'en tenir à un système et vouloir le rendre immuable, ce serait nier l'histoire, manquer l'interprétation d'une époque décisive et féconde.

Toutefois prenons patience, laissons réagir, sans trop nous effrayer de la puissance de ces pygmées du pouvoir qui ont tant de suffisance; la nation française ne se manquera pas à elle même, le moment viendra, où fatiguée de tant de vaines discussions, elle demandera un compte sévère à ceux qu'elle regardait comme chargés de la mission régénératrice. Nous en avons l'assurance, tous ceux que les vaines terreurs de la république effraient, tous ceux qui craignent ou désirent le retour de la légitimité déchue, tous se réuniront un jour dans l'intérêt social. Déjà surgissent de toutes parts les prétentions trop bien fondées d'une réforme industrielle et commerciale et celles d'une plus équitable répartition dans les charges publiques; déjà se produisent, sous des formes respectueuses, il est vrai, les vrais besoins du pays, besoins qui ne seront pas toujours éconduits et que bon gré malgré il faudra satisfaire. Telle est la plaie future, la cause seconde d'un autre Juillet, si jamais la puissance législative, toujours enfermée dans le cercle étroit d'un petit dénombrement électoral, était assez aveugle pour laisser arriver les choses jusqu'a événement. Puisse donc le gouvernement de Louis-Philippe bien comprendre le vœu de tous les Français.

FIN.

www.ingramcontent.com/pod-product-compliance
Ingram Content Group UK Ltd.
Pitfield, Milton Keynes, MK11 3LW, UK
UKHW020119200726
13856UKWH00002B/636